Hass und Hoffnung

Politik aktuell 3

Über die Autoren:

Markus Metz, geboren 1958, Studium der Publizistik, Politik und Theaterwissenschaft an der FU Berlin, arbeitet als freier Journalist und Autor vorwiegend für den Hörfunk mit den Schwerpunkten Populäre Kultur sowie Mythen, Risiken und Nebenwirkungen des Informationszeitalters. Lebt in München.

Georg Seeßlen, geboren 1948, zählt zu den angesehensten und bekanntesten (Film-)Publizisten. Texte über Film, Kultur und Politik für *Die Zeit, Der Spiegel, taz, konkret, Jungle World, epd Film* u.v.a. Zahlreiche Bücher zum Film und zur populären Kultur, u.a.: »Martin Scorsese«; »Quentin Tarantino gegen die Nazis. Alles über INGLOURIOUS BASTERDS«; »Blödmaschinen. Die Fabrikation von Stupidität« (zusammen mit Markus Metz); »Sex-Fantasien in der Hightech-Welt« (3 Bände) und »Das zweite Leben des ›Dritten Reichs‹. (Post)nazismus und populäre Kultur« (2 Bände).

Markus Metz / Georg Seeßlen

Hass und Hoffnung

Deutschland, Europa und die Flüchtlinge

BERTZ+FISCHER

Bibliografische Information der Deutschen Nationalbibliothek: Die Deutsche Nationalbibliothek
verzeichnet diese Publikation in der Deutschen
Nationalbibliografie; detaillierte bibliografische Daten
sind im Internet über http://dnb.dnb.de abrufbar.

Umschlag: D.B. Berlin

Abbildungsnachweis:
Umschlagfoto: ZDF; *Innenteil:* S. 15: Matthew Cassel;
S. 20: Aachener Zeitung; S. 33, 234: ntv; S. 53, 91,
193, 241: ARD; 102: ARD / Frank Duffek; 103: ARD
/ Eva Manten; 109, 147, 161, 209: Internet; 124:
Focus / Hubert Burda Media; 144: Screenshots
Facebook / Twitter; 198: http://news.creaders.net;
237: Bundeswehr; 253: Anne Paq / Activestills.org

Alle Rechte vorbehalten
© 2016 by Bertz + Fischer GbR, Berlin
Wrangelstr. 67, 10997 Berlin
Printed in Poland
ISBN 978-3-86505-737-2

Inhalt

Vorbemerkung und Dank	6
Prolog: Europe Kills People, oder: Wo, bitte, kann ich hier austreten?	8
I. Fata Morgana	13
II. Identitäten	44
III. Neues Deutschland, ganz das alte?	100
IV. Der bayerische Weg: Sonderfall oder Modell?	158
V. Europa im Krieg	196
Epilog: Die Bösen, die Dummen und die Gemeinen, oder: Is This the End?	240

Vorbemerkung und Dank

Dieses Buch ist im Zorn geschrieben. Aber nicht in einem Rutsch. Einige Texte sind bereits in Zeitschriften und Zeitungen erschienen, zum Teil als Gemeinschaftsarbeit, zum Teil in alleiniger Autorenschaft, andere waren Vorstudien zu Radiosendungen. Anderes ist dazugekommen, und vieles wurde erweitert, aktualisiert und überarbeitet. Es ist ein Buch, das unterwegs ist von der journalistischen Geste der Kritik zum umfassenderen »Zeitbild«. Unsere Hoffnung ist, dass wir damit ein paar Menschen zum Aufwachen, möglicherweise sogar zum Neu-Denken der Situation bringen, in der wir uns befinden. Das klingt vielleicht ein bisschen anmaßend. Oder als schlechte Replik auf die »Weckruf«-Rhetorik der Rechten. Wir wollen uns in der Tat verabschieden von der Strategie der Abklärung, vom Coolreden und Herunterspielen, von der Auflösung der Kritik in Methodenstreit, Rechthaberei und interner Streitsucht. Wir behaupten nicht weniger, als dass die demokratische, aufgeklärte, liberale Zivilgesellschaft in Europa – oder das, was von ihr noch übrig geblieben ist – in höchster Gefahr ist. Und dass sie nicht anders zu retten ist als dadurch, dass man diese Gefahr erkennt, nicht nur im Allgemeinen und Vagen, sondern ganz konkret, inmitten einer Situation, in der es auch und vor allem um Menschen geht. Aber eben auch um Menschlichkeit als Haltung.

Wir wollen nicht vergessen zu danken: Den Redaktionen der Zeitschriften *SPEX*, insbesondere Arno

Raffeiner, und *konkret*, insbesondere Marit Hofmann, den Zeitungen *taz* und *Freitag*, dem Portal *Getidan*, der Online-Redaktion der Heinrich-Böll-Stiftung sowie der *Zündfunk Generator*-Redaktion des Bayerischen Rundfunks und dem Deutschlandfunk. Ohne euch hätte es dieses Buch nicht gegeben, das nun zusammenbringt, was eher im Verborgenen zusammenwirkt, die Flüchtlinge und die Postdemokratie, Bayern, Deutschland und Europa, das Zusammenwirken der Dummen, der Bösen und der Gemeinen, Neoliberalismus, Nationalismus und das gescheiterte Projekt einer europäischen Einheit, die mehr hätte werden können als eine Freihandelszone und die am Ende nicht einmal mehr das werden will. Wir wollen aber auch nicht vergessen, wozu dieses Buch ebenso einen bescheidenen Beitrag leisten möchte, dass nämlich weniger Menschen sterben und leiden müssen, dass weniger Menschen gedemütigt und missbraucht werden, dass weniger Menschen ausgegrenzt und um ihre Hoffnungen betrogen werden.

MM/GS, Dezember 2015

Prolog: Europe Kills People, oder: Wo, bitte, kann ich hier austreten?

»Übrigens wäre es sonderbar, in einer Zeit wie der unsrigen von den Menschen Klarheit zu verlangen.«

Fjodor Michailowitsch Dostojewskij:
Die Brüder Karamasow

Vom »Flüchtlingsansturm«, von »Fluten«, »Wellen« und, mindestens, »Krisen« ist allerorts die Rede. Doch in Frage steht etwas anderes. Das sind die beiden großen Projekte in unseren Breiten, die nach dem Zweiten Weltkrieg das vorige Jahrhundert bestimmten: Das Projekt »Demokratie«. Und das Projekt »Europa«. Beides steht, wie man so sagt, derzeit auf der Kippe. Ob sich die Protagonisten, die Medien und Diskurse, die Leute wie du und ich das nun eingestehen wollen oder nicht – die Demokratie und Europa werden nicht etwa von den Flüchtlingen bedroht, ganz im Gegenteil: Gerade sie setzen ja ihre Hoffnungen darauf, bevor sie zum »Problem« erklärt werden und ihnen ein Hass entgegenschlägt, der sich weder mit dem einen noch mit dem anderen erklären lässt, sondern nur mit seinem Negativ: mit dem Zerfall der Demokratie und mit dem Zerfall von Europa. Es sind die Flüchtlinge und die Reaktionen auf sie, die deutlich machen, wie sehr sich die Projekte »Demokratie« und »Europa« bereits in Fiktion und Maskerade aufgelöst haben. Uns spukt eine unsinnige alte deutsche Filmklamotte im Kopf herum. Da steht in einem verrauchten bayerischen Wirtshaus ein heimatlich gekleideter Mann auf und spricht zu den Bewohnern seines Dorfes in einer Mischung aus Häme und Verzweiflung: »Wir brauchen keine Fremden nicht. Wir sind uns selber schon zu viel.« Der Satz klingt in nicht-bayerischen Ohren vielleicht abgründiger, als er gemeint war. Und doch scheint er uns gerade die Situation perfekt zu beschreiben: Europa kann sich selber kaum noch ertragen. Und dann kommen auch noch die Flüchtlinge.

Bis vor einigen Jahrzehnten konnte man die Geschichte Europas als die eines – wennzwar schneckenhaften – Fortschritts in Richtung Demokratie und Humanismus schreiben. Zwar hat es nie an Mahnungen gefehlt, da entstehe nicht das Europa der Millionen, sondern das der Millionäre, aber wer wollte es denn so düster sehen. Ach, Europa! Auch die Brüsseler Bürokratie mit ihrem »Normierungswahn« konnte eine Zeit als teilparanoide Begleiterscheinung eines langen und langsamen Zusammenwachsens akzeptiert werden. Denn so viel war und ist klar: Die Zeit der Nationalstaaten und ihrer Demokratien läuft ab; wenn etwas hilft, dann nur eine neue, transnationale Form der Demokratie. Eine wirkliche europäische Demokratie, die auf die Verteidigung der Freiheit, auf Gerechtigkeit und Solidarität zielt.

Entstanden ist genau das Gegenteil. Ein postdemokratisches, neoliberales Kuddelmuddel nationaler und oligopolistischer Interessen, ein Experimentierfeld für neue Regierungs- und Verwaltungsformen jenseits demokratischer Legitimierung, gegenseitige ökonomische Erpressung bis an den Rand von Wirtschafts- und Bürgerkrieg, Lobbyismus und die direkte Verschmelzung von Politik und Wirtschaft in groteskem Ausmaß, eine neue Regierungsform, die über das Schicksal der Menschen und der Gesellschaften in Geheimverhandlungen zum TTIP bestimmt, jenseits der Parlamente, jenseits der Öffentlichkeit, jenseits der Demokratie: Das Projekt »Europa« ist als Euro-Zone auf den Hund gekommen.

Das, was man nun, unmenschlich genug, als »Flüchtlingsstrom«, »neue Völkerwanderung«, »Flüchtlingskrise« bezeichnet, macht vielleicht auch jenen klar, die die Hoffnung auf dieses Projekt nicht aufgeben wollten, dass es nicht nur gescheitert ist: Europa hat sich nicht als kultureller und politischer Fortschritt, sondern als barbarischer, korrupter und amoralischer Rückfall realisiert. Dieses Scheitern hat jetzt Bilder: ertrunkene Menschen, offene Polizeigewalt allerorten, Lager, Stacheldraht, brennende Unterkünfte, grölende Faschisten, furchtbarer Politiker-Jargon. Es gibt Menschen und Institutionen, die helfen, keine Frage. Aber sie können es weder praktisch noch moralisch im Namen Europas tun.

Wie rasch konnte Europa seine exekutiven Mittel aktivieren, als es um die Rettung von Banken ging, und wie sehr blockiert und verschleppt man nun die nötigen Maßnahmen, wo es um Menschenleben geht: Hier wird ein Notstand inszeniert. Wäre Europa, was es einmal zu werden versprach, dann wäre die Aufnahme der Flüchtlinge, ihre menschenwürdige Versorgung, ihre Integration in Arbeit und Kultur kein Problem, sondern eine jener Aufgaben, an denen man wachsen und reifen kann: Es hätte hier eine neue Gesellschaft entstehen können; Europa nicht als verfallende Festung von Begünstigten, die nicht einmal ihre Privilegien genießen können, weil sie sie sich gegenseitig nicht gönnen, sondern als Idee einer neuen (und doch eben auch historisch entstandenen und überdachten) Gemeinschaft der freien Menschen. Nichts Perfektes, nichts Konfliktfreies, nichts Idyllisches. Nur etwas, das wirklich hat, wovon die leere Rede ist: humanistische Werte. Nun wird sichtbar, wie dünn die demokratische Haut über der merkwürdigen Verbindung der neoliberalen Rücksichtslosigkeit, die auch Menschen nur noch marktförmig sehen kann, und dem rechtspopulistischen, halbfaschistischen Untergrund ist, der sich durch ganz Europa zieht und der bei immer mehr Menschen Anklang findet, denen Europa keine große Zukunft, aber eben auch keine noch so rudimentären »Werte« vermitteln konnte.

Und welch erbärmliche Rolle spielt Deutschland in diesem Europa, das nur sein eigener finsterer Schatten ist! Man zwingt mit allen, wirklich allen Mitteln eine linke griechische Regierung nieder, die es wagt, sich gegen Neoliberalismus und Austerität zu stellen, und gleichzeitig lässt man ein autoritäres und rassistisches Regime wie das ungarische oder die neue polnische nationalklerikale Regierung ohne Widerspruch gewähren. Die galoppierende Entdemokratisierung Europas lässt die eigene Demokratie-Simulation in besserem Licht erscheinen.

Man möchte diesem Europa am liebsten nicht angehören, aber natürlich noch weniger jenen »Euro-Skeptikern«, die lieber heute als morgen zum offenen Nationalismus und Rassismus zurückkehren wollen. Also wohin?

Menschen, deren Lebenswelt nicht ohne Zutun Europas in eine Hölle verwandelt wurde, suchen Zuflucht in diesem Europa und finden, wenn sie Glück haben, Politiker vor, die Abschiebung, Rückführung und Abschreckung im Munde führen, von »Abschiebelagern« reden, ohne vor Scham im Boden zu versinken, und Souveränität simulieren, indem sie Flüchtlinge wie lästige Kostgänger behandeln, ihnen Arbeit, Bildung, Selbstbestimmung verweigern. Wenn sie Pech haben, finden sie nur eine neue Hölle. Eine Hölle namens Europa.

Die europäischen Nationalstaaten machen nicht nur Politik für oder, vor allem, gegen die Flüchtlinge, sondern sie machen sogar Politik *mit* den Flüchtlingen. Macht- und Wirtschaftspolitik mit hilfsbedürftigen, rechte- und machtlosen Menschen zu treiben ist das Ende jeder humanistischen und demokratischen Gesellschaft.

Wir wissen nicht, ob dieses Europa noch zu retten ist. Man ist, nur weil man »links« ist, nicht unbedingt zum Optimismus verurteilt. Aber offensichtlich hat, was in der letzten Zeit geschehen ist, die einen oder anderen Augen geöffnet, auch wenn sich nach der »Kölner Silvesternacht« das politische Klima in der Flüchtlingsfrage weiter nach rechts verschoben hat. Den Flüchtlingen zu helfen, hier und jetzt, ist die erste Bürgerpflicht. Die zweite ist es, Europa neu zu denken. Von Grund auf. Und die dritte Aufgabe besteht darin, eine Gesellschaft zu erkämpfen, die auf Solidarität, Egalität und realer Demokratie basiert.

I. Fata Morgana

1.

Wohin soll der Mensch gehen, wenn seine Welt zur Hölle wird? Wer bleibt und noch Kraft hat, der muss entweder das Töten lernen oder sich aufs Getötetwerden vorbereiten. Ansonsten bleibt ein zukunftsloses, zermürbendes, ohnmächtiges langsames Sterben. Es ist keine leichte Entscheidung zu fliehen. Man hat noch etwas mehr zu verlieren als das Leben. Seine Würde. Seine Menschlichkeit. Man flieht nicht nur vor den Mördern, sondern auch davor, selber zum Mörder zu werden. Beides gelingt nicht immer. Aber wohin? Vielleicht nach Europa. Dort gibt es Arbeit und Hoffnung, dort wird doch der Reichtum der Welt hergestellt, dort gibt es die Freiheit und den Wohlstand.

Niemand denkt, dass Europa einem alles schenkt, fast niemand jedenfalls. Aber die wenigsten glauben, dass man, wenn man die scheinbar gefährlichsten Teile der furchtbaren Reise hinter sich gebracht hat, nur in einer anderen Hölle gelandet sein wird. Europa will uns nicht, Europa hasst uns, auch Europa tötet, nur subtiler. Denn auch Europa gibt es nicht. Es ist ein wüstes Durcheinander, ohne Würde, ohne Menschlichkeit.

Aber es ist doch eine ganz andere Hölle. Hier gibt es ja nicht nur die Terroristen und Mörder, die Korrupten, Wahnsinnigen und Mächtigen, hier gibt es noch die ganz gewöhnlichen Menschen, die ihrer Arbeit nachgehen, eine Wohnung und einen Wagen haben, einen Garten vielleicht, und Kinder, die ohne Angst zur Schule und auf den Sportplatz gehen. Nur die Polizisten scheinen überall gleich auf dieser Welt. Wenn man ihnen zu prügeln befiehlt, dann prügeln sie. Europa hat viele Polizisten.

Europa ist nur die Hölle für die, die dort hineinwollen. Für die, die drin sind, scheint es ein Paradies, das sie, warum auch immer, nicht teilen wollen.

2.

An wen kann sich ein Mensch wenden, der Asyl sucht? An einen Souverän, einen weisen und gütigen Herrscher, wenn man Glück hat; an einen listigen Machthaber, wenn man weniger Glück hat, an einen Tyrannen, wenn man Pech hat. Das Schlimmste aber ist der Souverän, der sich abwendet und es seinem Volk, seinen Soldaten, seinen Sklavenhändlern überlässt, mit den Fremden zu verfahren. Wo es die Herrscher nicht mehr gibt, da sind es Regierungen, Behörden, Gesetze, die bestimmen, ob der Asylsuchende aufgenommen wird oder nicht, unter welchen Bedingungen das geschieht, zwischen Leben-Lassen und Sterben-Machen. Auch unter ihnen gibt es gütige, listige, tyrannische und gleichgültige.

Gewiss »gibt« es den Souverän nicht mehr in der Form einer Person (eines Fürsten) oder in der einer Institution (einer Regierung), sondern dieser Souverän ist vor allem ein dezentrales Geschehen von Machtflüssen, Interessen und Fiktionen. Ein neoliberaler Propagandist könnte wohl mit Fug behaupten, der Souverän sei am Ende nichts anderes als der Markt selber. Bei genauerem

I. FATA MORGANA

Flüchtlinge an der ungarischen Grenze, September 2015

Hinsehen aber wissen wir, dass es diesen Markt genauso wenig gibt wie den Fürsten oder die Regierung. Er ist eine neuerliche Maske der flüssigen Macht, die kaum noch Subjekte (»Herrscher«) als vielmehr Nutznießer kennt. Aber mit dem neuen, dezentralen und aufgelösten Souverän sind die alten nicht einfach verschwunden. Sie spielen ihre Rollen, mal besser, mal schlechter. Und in diesem »neuen« Europa gibt es keine noch so abstruse, noch so düstere Vergangenheit, in die nicht einer der neonationalistischen Potentaten sein Volk zurückzuführen versprechen könnte, nicht einmal ein katholischer Gottesstaat mit Anzeichen von Inquisition und Hexenjagd ist tabu, wie das polnische Beispiel zeigt.

Vielleicht wollen die Flüchtlinge dieser Tage ja nach Deutschland, nach England, sogar in die USA oder nach

Kanada. Aber sie kommen immer zuerst nach »Europa«. Ein finsteres Gebiet, voller »verstreuter und diskontinuierlicher Offensiven« (Foucault), in dem das Schlimmste geschehen kann, staatliche Willkür, Mordanschläge eines unregierten Mobs, Gefangenschaft in Lagern, Entwürdigung, aber gleich darauf, nur wenige Stunden, Kilometer, Kulturen entfernt, auch Barmherzigkeit, Mitleid, Freundlichkeit. (Auch dem, nur nebenbei, ist nicht immer zu trauen. Was tun die da, die uns mit Wasserflaschen, Spielzeug und Keksen empfangen, mit Tränen in den Augen ob ihrer eigenen Güte, als uns zu Objekten ihrer Gefühlshaushalte zu machen? Ob sie uns als Menschen und Bürger erkennen werden, bleibt abzuwarten.) Wer ist der Souverän in diesem Europa, durch das sich zu bewegen man unter Lebensgefahr gezwungen ist, an den man sich als Asylsuchender wenden könnte? Es gibt ihn nicht. Er lässt sich verleugnen. Der Souverän hat sich aufgelöst in den diskontinuierlichen Offensiven der verflüssigten Macht.

3.

So nehmt doch Vernunft an, sagen die, die immer noch glauben, Europa sei ein Projekt der Vernunft, das nur zeitweise etwas aus dem rationalen Gleichgewicht gekommen sei. Jene Fremdlinge, die da zu uns kommen – es muss sich, nebenbei, doch um so etwas wie eine »Elite« handeln, die noch das Geld für die Flucht aufgebracht, die die Kraft dafür besessen, die ihre Hoffnung nicht vollkommen verloren hat –, jene Fremdlinge also, sie sind nicht lästig, sind nicht gefährlich, sondern sie

I. FATA MORGANA

kommen gerade recht. »Die Wirtschaft« warnt ja schon davor, die willkommenen Arbeitskräfte, die willkommene Kreativität, die willkommene »demografische Korrektur« wieder davonzujagen.

Man muss in der Tat die Wirtschaftsseiten der Zeitungen lesen, um die Doppelstrategie von Abschieben und Aufnehmen zu verstehen: »Die Wirtschaft denkt, anders als auch mancher in der CSU, nicht zuerst ans Abschieben, sondern ans Aufnehmen«, so schreibt Ulrich Schäfer in seinem Kommentar zur Arbeitsmarktintegration in der *Süddeutschen Zeitung*.[1] Das ist mehr Drohung als Versprechen, à la longue: »Unternehmen funktionieren besser, sind erfolgreicher, wenn ihre Belegschaft möglichst vielfältig ist.« Die Flüchtlinge sollen für »Diversity« auf dem Arbeitsmarkt sorgen, der an der Vertrocknung und Verblödung der deutschen Gesellschaft schwer zu tragen hat. Es liegt auf der Hand, dass ein Unternehmen mit internationalen Beziehungen lieber einen syrischen Flüchtling einstellt, der drei Sprachen spricht, anstelle eines deutschen Dumpfnazi, der nicht einmal mit der eigenen zurande kommt. Die No-go-Areas des neuen Deutschland, zum Beispiel diese »national befreiten Zonen«, in denen man keinen Kaffee trinken gehen kann, ohne auf braune Horden oder wehende Deutschland-Fahnen über den Schrebergärten zu stoßen, sind leicht zu regieren, wie es scheint. Aber was haben sie mit der Zukunft Europas zu tun? Nichts, wenn man in einer progressistischen Erzählung bleiben will, alles, wenn man Realist bleibt: Europa ist das Projekt ökonomischer Exaltation, auf der Basis von Gesellschaften, die den Weg in die Vergangenheit angetreten sind, eine Vergangenheit nicht nur der »alten« Nationen, die jederzeit bereit sind, sich um des eigenen Vorteils willen gegenseitig zu vernichten, sondern sogar in eine Vergangenheit vor der »modernen« Nation, oder parallel dazu: das klerikal-faschistische, das isolationistische und zugleich aggressive Projekt einer völkischen Gemeinschaft. Leicht zu regieren, eine Zeit lang, wie gesagt. Am Ende die Desolation und der Zusammenbruch, denn nur einige wenige dieser neuen europäischen halbfaschistischen »Nationen« werden auf Dauer den Profit davontragen, den anderen droht eine gänzlich neue Form der Unterentwicklung (die möglicherweise die Potenziale neuer Bürgerkriege entfaltet). Die europäischen Staaten, die sich ihren Weg in eine je spezielle Form des Nationalismus und Halbfaschismus nicht ausreden lassen wollen (wer auch sollte den Versuch dazu noch unternehmen?), verlieren zuerst ihre kritische, dann auch ihre kreative Intelligenz, am Ende ihre Zivilgesellschaft als Ganzes. Wir sehen nicht nur Menschen und Gesellschaften, sondern auch Staaten bei der Verblödung zu.

4.

Es sind die Flüchtlinge, die möglicherweise Europa retten könnten. Vor sich selbst. Vor der eigenen Verrohung, Verblödung und Versumpfung. Aber Europa will sich nicht retten lassen. Es will lieber an sich selbst zugrunde gehen, als sich durch äußere Kräfte verändern zu lassen. Europa treibt »Freihandelsabkommen« voran, und es lässt im Gegenzug seine Nationen in schreckliche und schrecklich fantasielose Provinzen zerfallen, in denen die Menschen sich nach dem Muster der »Identitären Bewegungen« um erfundene Traditionen und inszenierte Gemeinschaften versammeln. Dazu dient ihnen der Hass auf die anderen. Die Abwehr der »Flüchtlingsströme« ist die Glocke, unter der die Regression sich entfalten darf. So zerfällt Europa in ein postdemokratisches, neoliberales und bisweilen kindisch-bösartig bürokratisches Monster und ein Projekt des unbarmherzigen Rückschritts. Nach vorne sieht nur noch das Kapital, die Menschen schauen zurück. Tief in die verrotteten nationalen, völkischen und despotischen Seelen. Europa entwickelt sich mehr und mehr zu einem Projekt der Abschaffung von Demokratie, Aufklärung und Humanismus. Und was dies anbelangt, kommen die Flüchtlinge gerade recht.

5.

Eine Arbeit von Giorgio Agamben über den »Homo sacer« im römischen Strafrecht findet in diesen Tagen neue Aufmerksamkeit. Die Ähnlichkeit in der Beziehung der europäischen Gesellschaften zu den Flüchtlingen ist denn auch allzu eindringlich: Im alten Rom war der Homo sacer der wegen Vertrags- oder Eidbruchs verstoßene Mensch, der von jedermann getötet werden durfte, aber nicht »geopfert«. Er ist zugleich ausgestoßen, vogelfrei und auch wieder geschützt und sogar »heilig«, und dies spiegelt sich bereits im Namen »sacer«, das sowohl »verbannt« als auch »heilig« bedeu-

HASS UND HOFFNUNG

> AACHEN. Nach dem tödlichen Unfall eines Flüchtlingskindes am Blausteinsee in Eschweiler hatte eine Leserin auf der Facebook-Seite unserer Zeitung einen Kommentar gepostet, in dem sie den Tod des Dreijährigen bejubelte. Dafür wurde sie nun zu einer Geldstrafe verurteilt.
>
> **MEHR ZUM THEMA**
> Kind stirbt auf Willkommensfeier: Staatsanwalt ermittelt
>
> Schockstarre nach Tragödie: Kind stirbt bei Willkommensfest
>
> „Jaaa wieder einer weniger", kommentierte die junge Frau, die selbst Mutter ist, unter dem Bericht. Nachdem unsere Online-Redaktion den Kommentar entfernt hatte, erstatteten wir gegen die Frau Anzeige wegen Volksverhetzung.
>
> Wie die Aachener Staatsanwaltschaft am Montag mitteilte, wurde die Frau mittlerweile rechtskräftig wegen Volksverhetzung verurteilt. Sie akzeptierte einen Strafbefehl über 90 Tagessätze à 15 Euro (1350 Euro). Der Strafbefehl blieb damit knapp unterhalb der Grenze, ab der man als vorbestraft gilt.

»Wieder einer weniger«: Meldung der *Aachener Zeitung*, 25.1.2016

ten kann. Diese prekäre Beziehung, zugleich widersinnig und alles Politische grundierend, konstruiert recht eigentlich den Souverän. An ihm, dem Homo sacer, dem rechtelosen Flüchtling, zeigt und definiert er seine Macht (so wie er, andererseits, seine Macht dadurch zeigt und begründet, dass er über den »Ausnahmezustand« gebieten kann).

»Souverän ist die Sphäre, in der man töten kann, ohne einen Mord zu begehen und ohne ein Opfer zu zelebrieren, und heilig, das heißt tötbar, aber nicht opferbar ist das Leben, das in dieser Sphäre eingeschlossen ist.« So beschreibt es Agamben in *Homo sacer*.[2] So will also dieser Souverän, obwohl es wirtschaftlich unsinnig und moralisch verwerflich ist, die Flüchtlinge mehrheitlich daran hindern, in seine Sphäre zu gelangen? Etwa, weil in diesem alten Bild die Macht immer auch mit »Verantwortung« gekoppelt wäre? Wir müssen verstehen, dass »Abschieben« nichts anderes ist als eine symbolische, manchmal aber auch sehr direkte Art des Tötens. Was jener wirklich meint, der nach »Abschiebelagern« geifert, ist unter Schaudern vorstellbar. Der Souverän, der den Flüchtling erst einsperrt, dann abschiebt, tut genau dies: Er entzieht diesem Menschen-Objekt seinen Opferstatus, um ihn zu töten.

6.

Kehren wir kurz zur Grundlage des Souveräns zurück, wie er bei Carl Schmitt beschrieben ist: »Souverän ist, wer über den Ausnahmezustand entscheidet.«[3] Der Ausnahmezustand setzt nicht nur die Grundlagen des Gesellschaftsvertrags, also etwa des Grundgesetzes, außer Kraft, er ermöglicht es dem Souverän vor allem, direkt auf das einzelne Subjekt, jeden individuellen Menschen zuzugreifen: auf seinen Körper.

Postdemokratisches Regieren basiert in großem Umfang darauf, den Ausnahmezustand in Permanenz zu erhalten. Daher der »Krieg gegen den Terror«, daher die »Finanzkrise«, die »Griechenland-Krise« und nun die »Flüchtlingskrise«. Der Ausnahmezustand kann nur dann aufrechterhalten werden, wenn ein Problem nicht gelöst, sondern in serielle Schwingungen versetzt wird. Da und solange wir uns in einem permanenten Ausnahmezustand befinden, in einer Art Krisenmanagement als Unterhaltung (im doppelten Sinn), sind die großen Projekte der schwindenden Moderne – Demokratie, Aufklärung, Humanismus – suspendiert. Die einfache Formel des Regierens im permanenten Ausnahmezustand lautet: Das Problem ist größer als die Mittel, die das Regierungssystem Demokratie zur Verfügung stellt. Das nationale Interesse ist größer als das Interesse an der Demokratie.

Im Ausnahmezustand ist, wer mehr Demokratie, mehr Menschlichkeit fordert, schon ein gefährlicher Verräter. Und suspendiert ist auch das andere große Projekt: Europa. Ein Europa, das nicht nur eine Euro-Zone ist, sondern ein transnationales, demokratisches und humanistisches Gebilde. Die nationalen »Demokratien« in Europa erzeugen den permanenten Ausnahmezustand, um die Entstehung einer transnationalen Demokratie, die diesen Namen verdient, zu verhindern.

Der permanente Ausnahmezustand hält einen Souverän an der Macht, der ohne ihn dramatisch an Rationalität und Legitimation verlöre: die nationalen Regierungen – allen voran die deutsche –, die sich mit diesem real existierenden Europa als Euro-Zone, »bürokratischem Monster« und Geheimverhandlungsinstrument für das Demokratie und Rechtsstaat weiter demontierende TTIP-Abkommen einen verlängerten Arm geschaffen haben. Die zwiespältige, schwankende und schließlich willkürlich scheinende Haltung gegenüber den Flüchtlingen ist mithin Ausdruck dieser Situation des Souveräns, der den Ausnahmezustand

I. FATA MORGANA

aufrechterhalten, diesen aber zugleich möglichst unsichtbar, möglichst »anderswo« situieren will. Denn der Trick des postdemokratischen Souveräns, diesem Netzwerk von Regierung, Medien und Ökonomie, ist es zu behaupten, der Ausnahmezustand wäre nicht selbst erzeugt, sondern käme immer als Fremdes ins Land. Und so wie die Ausnahme durch das Fremde erzeugt wäre, so wäre alles Fremde auch Ausnahme.

Souverän ist also, wer den Flüchtling vor der Opferung bewahren (dem braunen Mob entziehen, der gleichwohl seine Rolle spielt), über Leben und Tod (Aufnehmen oder Abschieben) bestimmen und schließlich ein- oder aussperren kann. Auf den ersten Blick erscheint es, als würden die Regierungen der europäischen Nationalstaaten all diese Dinge nur widerwillig tun, als wären sie von diesen Aufgaben »überrascht« worden (vielleicht weil die Geheimdienste anderweitig beschäftigt waren?), ja als würde dieser alte Souverän nachgerade gekränkt sein, dass man ihm noch so viel Souveränität abverlangt. Daher diese unwürdigen Versuche, die »Probleme« weiterzureichen, die Lasten der Exekutive den jeweils anderen politischen Einheiten, am liebsten von oben nach unten zuzuschieben. Sie offenbaren indes noch etwas anderes: Die Regierung (der »älteste« unter den Souveränen) ist in ihrem Pakt mit dem Medien- und Wahlvolk (der nachgeborene Souverän) so gefangen in einer Tyrannei der selbst erzeugten Mehrheit, dass »souveränes Handeln« gar nicht mehr möglich ist. Denn der dritte und wahre Souverän, die Marktmacht, das Kapital, verlangt genau das, was die beiden anderen zumindest scheinhaft überwinden wollen: Unruhe, Ungleichheit, Gewalt. Nur der permanente Ausnahmezustand lässt diese drei Erscheinungsformen des neuen Souveräns miteinander nutzbringend (und radikal inhuman) kommunizieren.

Europa also fällt nicht auseinander durch den »Ansturm« der Flüchtlinge, sondern ganz im Gegenteil: Die Flüchtlinge sind die idealen Instrumente zur Erzeugung der nächsten Ausnahmezustände, die wiederum ideale Instrumente zur Stärkung nationaler Souveräne sind, die wiederum augenblicklich am effizientesten für »Diversity« auf den Märkten sorgen. Was mit den Flüchtlingen geschieht, zeigt, dass es das Europa, das wir uns einst erhofft haben, nicht gibt. So kann man das sehen. Oder umgekehrt: Was mit den Flüchtlingen geschieht, ist Teil der Strategie des (dezentralen) Souveräns in Europa, den Ausnahmezustand zu erhalten, der ihn am Leben erhält. In ihren »Flüchtlingspolitiken« und ihren Ausnahmezuständen verteilen die europäischen Staaten, denen das gemeinsame Projekt außer dem ökonomischen Vorteil nie etwas bedeutet hat, »Souveränität«. Auch das medialisierte Volk und noch mehr das völkische Medium dürfen sich in der Behandlung der Flüchtlinge in ihrer »Souveränität« gestärkt sehen.

7.

Einer, der die Folter und den Tod der Nächsten erlebt hat, der in einer Welt hausen musste, in der es keine Zukunft und keine Hoffnung gibt, einer, der sein Leben eingesetzt hat, weil sogar Sterben besser ist als so weiterzuleben, einer, der dort hinwill, wo es ein Menschenrecht geben soll, der wird, wenn er trotz aller Gefahren nach Europa gekommen ist, dort nicht als Mensch, sondern als Objekt behandelt, als Teil eines »Stroms«, eines »Problems«, einer »Krise«, einer »Herausforderung«. Er ist die »Frage«, die zwischen den verschiedenen Teil-Souveränen hin- und hergereicht wird. Er erlebt, wie man ihn zuerst ausschließen wollte, da man ihm unterstellt »zu kosten«, die ohnehin prekären Sozialsysteme »zu belasten«, Arbeitsplätze, Wohnungen, Einrichtungen »zu verlangen«, und wie man ihn dann einsperrt, damit er nicht weiter »flüchtet«, den man demütigt, damit nur ja kein positives Bild entsteht, das andere wie ihn »anlocken« könnte, dem man zu verstehen gibt, dass er nicht hierher gehört, der immer wieder »überprüft« und »selektioniert« wird, der nicht auf die neue, digitalneoliberale Art überwacht, sondern auf die alte bürokratisch-kolonialistische »registriert« wird, bis schließlich entschieden wird, ob man ihn wieder ausschließt (abschiebt) oder ob er sich der disziplinarischen Arbeit der »Integration« unterwerfen darf. An diesem Menschen ohne Rechte, dem »nackten Leben«, auf das er zurückgeworfen ist, wächst das Europa der falschen Souveräne; an diesem Menschen ohne Rechte zerbricht die Idee Europa.

8.

Nun freilich machen die europäischen Regierungen in dieser Situation keine besonders gute Figur, nicht einmal in ihren eigenen Dispositiven. Sie wirken in der Tat alles andere als souverän bei der Lösung/Nicht-Lösung eines Problems, das eigentlich gar keines sein müsste und das, gemessen an dem, was die direkten Nachbarn jener Länder zu bewältigen haben, aus denen die Flüchtenden kommen, nachgerade marginal erscheint. Die einen von ihnen, wie zum Beispiel die ungarische Regierung, erzeugen halbfaschistischen Terror und scheuen auch nicht davor zurück, mit den Bildern dieses Terrors Politik zu machen. Die anderen, wie zum Beispiel die deutsche, schwanken zwischen struktureller Abschiebe- und Lager-Unmenschlichkeit und »humanitären Gesten«. (Und eine »Sonderregion« wie Bayern, das mehr oder weniger in Deutschland liegt, versucht, auf wunderbare Weise beides zugleich zu verwirklichen, um ein gutes Stück der Souveränität abzubekommen.) Doch auch in den Nationalstaaten, denen an der Erhaltung ihrer Regierungssouveränität gelegen ist, sind die Regierungen nicht mehr der einzige und wirkliche Souverän. Der Verdacht liegt nahe: In Europa gibt es nur einen wirklichen Souverän, und das ist das Kapital.

9.

Der Flüchtling ist ein Mensch, der sich der totalen Überwachung von der Wiege bis zur Bahre, wie es der neoliberalen Kontroll- und »Transparenz«gesellschaft entspricht, schon dadurch entzogen hat, dass er einen Teil seines Lebens außerhalb dieser Überwachung verbracht hat. Er wird niemals jene Daten-Existenz,

I. FATA MORGANA

das wahre Subjekt der Macht des neuen Souveräns, so vollständig liefern können, wie es der geborene Europäer tut. Er ist nicht durch Google, NSA und Nudging geworden, nicht in Red-Bull- und Apple-Welten aufgewachsen, hat nichts von sich freiwillig und freudig preisgeben können, so far. So stört der Flüchtling das, was man das große Projekt unserer Epoche genannt hat, den Übergang von der Disziplinar- in die Kontrollgesellschaft. So kann er niemals ein »vollwertiges« Mitglied einer digitalen Kontrollgesellschaft werden, niemals vollständiger Untertan des neuen Souveräns, und würde er sich noch so anstrengen, bei Disziplinierung, Arbeit, Integration. Sein Datenschatten hat ein irreparables Defizit, sein »Geschmack« ist nicht vollständig identisch mit den Dispositiven der Werbung und der Unterhaltungsindustrie. Den schlichten Gemütern des Geheimdienstes mag er den Rest seines Lebens einen »Terror-Verdacht« mit sich herumschleppen, aber das ist es nicht, was ihn zur Fremdheit verdammt, selbst wenn sein Asylrecht formal anerkannt wurde, und es ist auch nicht seine Hautfarbe oder seine Religion allein. Er hat keinen vollständigen Datenschatten, er stört die Kontrollmaschinen. Das ist die eine Seite. Und er kann unser »Geheimnis« nicht teilen, das Geheimnis der imaginierten Gemeinschaft und der erfundenen Tradition. Er kann und darf nicht, wie wir, im tiefsten Innern wissen, dass das alles eine Schimäre ist. Europa? Eine Fata Morgana. Und Deutschland? Eine Maske der Niedertracht.

Unter dem neuen Souverän ist der Mensch zweimal integriert, oder ist es eben nicht: in der analogen Welt und in der zweiten Welt der digitalen Kontrolle. Solange der Flüchtling nicht der vollständigen digitalen Kontrolle überstellt wird, darf man ihn daher nicht »frei« lassen und muss ihn mit den alten Mitteln von Lager und Gefängnis, mit dem »panoptischen« Blick der Wärter und Beobachter festsetzen. Zugleich aber müssen ihm, so weit und so lang wie möglich, eben jene Instrumente verweigert werden - die Arbeit, das Bankkonto, der elektronische Allzweckapparat etc. –, die ihn ansonsten zu einem »vollwertigen« Menschen in dieser Gesellschaft machten.

Es wird, mit einem Wort, der Zustand des Homo sacer so lange wie möglich aufrechterhalten. Denn an ihm bildet und teilt sich der Souverän in Postdemokratie und Neoliberalismus.

10.

»Eine Gesellschaft, die mit sich selber hadert, ist nicht offen für andere«, sagt der CDU-Abgeordnete Jens Spahn (im *taz*-Interview), was sicher stimmt. Nur kann man es eben auch umdrehen und ist dann rasch beim Regieren des Ausnahmefalls nach Agamben (und Schmitt). Der »alte« Souverän, die Regierung, will oder muss dem Volk, dem demokratischen und nun eben postdemokratischen, nämlich medienpopulistischen Souverän, zeigen, dass es »das Problem im Griff« hat, während dieses unentwegt und abwechselnd Abwehr oder Barmherzigkeit einfordert. Der dritte, der wahre Souverän Europas, das Kapital, zieht aus dem permanenten Ausnahmezustand seinen Vorteil und sieht im Flüchtling die Beute. Die Gesellschaft der großen Ungerechtigkeit und des sozialen Unfriedens, die Gesellschaft des Neoliberalismus, ist gleichsam in ihrem Wesen zum Selbsthader verdammt. So betritt der Flüchtling den analogen Teil dieser Gesellschaft als »Sündenbock«. Als das im wachsenden braunen Sumpf der europäischen Gesellschaften willkommene »Opfer«. Das eben stürzt den Souverän in Konflikte. Wenn er das Opfer zulässt, riskiert er seine Souveränität. Wenn er das Opfer allzu deutlich unterbindet, riskiert er den Verlust von Untertanen. Wir begreifen nun vielleicht, warum an der Unmenschlichkeit der Regierungen und einzelner ihrer Vertreter so viel Performatives steckt: Sie begegnen durch ihre »Härte« dem Opferverlangen ihres Volkes. (Natürlich: eines Teils des Volkes, und zwar eines Teils, der selber so oder so von Ausschließung betroffen ist und daher eher schlecht regierbar. Der faschistische Untergrund hat längst geschaffen, was der neue Souverän »den Fremden« unterstellt: eine Parallelgesellschaft.)

11.

Giorgio Agamben würde nicht nur die Lager, sondern auch den nicht ganz so brutalen »administrativen« Umgang mit den Flüchtlingen als »Materialisierung des Ausnahmezustands« und damit eben als serielle Konstruktionen von Souveränität ansehen. Natürlich »gibt« es das Lager nicht; das Abschiebelager unterscheidet sich definitiv von einem humanitären Flüchtlingslager des Roten Kreuzes, soweit der Einwand von Daniel Kretschmar in der *taz*.[4] Und selbst ein Abschiebelager ist kein Konzentrationslager. Doch die Gier des Souveräns nach der Materialisierung seiner Macht trifft auch das humanitäre Flüchtlingslager; es ist zumindest auf das Wohlwollen dieses Souveräns angewiesen, und es kann sich kaum einer schleichenden oder manifesten Übernahme entziehen. Unfreiwillig, gewiss, wird das humanitäre Lager zum Abschiebelager und dieses zum Todeslager, weil es zwar Hilfe, aber keinen Schutz gewähren kann.

Die Frage also ist, ob der Ausnahmezustand allmählich von der Peripherie in die Zentren rückt, gegen einen »hilflosen« Souverän, der lieber Ruhe im Lande hätte, oder ob nicht dieser Souverän den Ausnahmezustand ansaugen muss, weil er ihn am Ende zum Überleben braucht. Vernünftige und humanistisch gesinnte Zeitgenossen mahnen doch verständig genug an, einfach den Status eines Einwanderungslandes zu akzeptieren, womit eine Reihe von Problemen gleichsam von selbst verschwinden würden. Sie verkennen das Wesen des neuen Souveräns, der sich an einer Verdopplung des Homo sacer stärkt, am sozialen Verlierer und am Fremden.

12.

Dieser Homo sacer nun ist »vogelfrei«, und zugleich ist es verboten, ihn zu opfern, und das bedeutet auch ein direktes Nebeneinander von Herabstufung und

Entwürdigung mit Sentimentalisierung und selbstgerechter Befriedigung angesichts der eigenen Großzügigkeit. Es kommt also zunächst auf die Konstruktion des Blicks auf ihn an. Die Medien haben (nicht zum ersten Mal) zwei widersprüchliche Bilder anzubieten: Die »Flut« und »den einzelnen Schmerz«. Das Chaos, dem nur der panoptische Blick eines Lagers, der Selektion, des Gefängnisses gegenübergestellt werden kann, und das isolierte Opfer, wie im Bild des toten Kindes am Strand. Nicht nur die Geschichte seines Leidens, sondern auch seine radikale Einsamkeit zerreißt einem das Herz. Aber noch etwas anderes ist geschehen: In diesem Bild ist klar zu erkennen, dass gegen das Gebot des Souveräns verstoßen wurde. Dieses Kind wurde nicht getötet (abgeschoben), es wurde geopfert.

Nicht gegen das massenhafte Töten, sondern gegen das Opfern des Einzelnen wendet sich nun der Zorn des zweiten Souveräns (die Regierung hatten wir als ersten, das Kapital als dritten Souverän bestimmt), des Medienvolkes.

13.

Noch einmal: Das »Flüchtlingsproblem« existiert nicht, sondern es wird erzeugt. Gemessen an der Wirtschaftskraft, dem Wohnraum, den Nahrungsmitteln und sonstigen Versorgungssystemen in Europa wäre die Aufnahme der Menschen, die Schutz und Zukunft suchen, ein Leichtes. Selbst wenn Deutschland, als natürlich absurdes Beispiel, alle Kriegsflüchtlinge der Welt aufnehmen würde (die 60 Millionen, von denen die Rede ist), hätte es immer noch nicht die Bevölkerungsdichte etwa der Niederlande oder Israels erreicht. Erzeugt wird dieses »Problem« indes nicht nur zur Aufrechterhaltung des Ausnahmezustands, sondern auch zur Erzeugung von Bildern, zur Erzeugung eines Blicks.

Der klassische Souverän liebte diesen panoptischen Blick, den Foucault in *Überwachen und Strafen* anhand des Gefängnisses beschrieb.[5] Von einem zentralen, erhöhten Punkt aus wird jede Regung und jede Bewegung der Beobachteten registriert, die selber den Beobachter nicht sehen können. Beim Übergang von der Disziplinar- zur Kontrollgesellschaft wird dieser Blick der panoptischen Einrichtung freigegeben. Das Subjekt des Neoliberalismus soll sich frei fühlen, während es vollständig in Information aufgelöst wird. Der post-panoptische Blick des Souveräns durchdringt den Beobachtenden, errechnet ihn, sieht seine Bewegungen bereits voraus. Er will ihn nicht durch das Gefühl des Beobachtetwerdens disziplinieren, sondern er will durch die mehr oder weniger totale Kontrolle seines Informationsschattens eine algorithmische Einschließung erreichen. (Der – mehrfach gespaltene – Souverän will nicht nur wissen, wo du bist, sondern vor allem, wo du gleich sein wirst.) Daher kann auch der neue Souverän auf ein zentrales Subjekt verzichten. Die totale Überwachung und das Privileg von Freiheiten scheinen sich hier nicht mehr zu widersprechen, so wie auch das Subjekt der Überwachung, der neue Souverän, nur als Netzwerk ökonomischer, technologischer und politischer Macht zu begreifen ist.

I. FATA MORGANA

Brandanschlag auf die Flüchtlingsunterkunft in Tröglitz, 4.1.2015

Was ist es, was die Vertreter des braunen Mobs dem Flüchtling als Erstes missgönnt? Genau, es ist das Smartphone. Denn erst durch die Benutzung eines solchen Gerätes ist ein Mensch hier »jemand«, genießt er Freiheiten, ist er durch unsichtbare Kontrolle eingeschlossen in den Kreis; wenn der Flüchtling ein Handy hat, dann ist er nicht mehr der nackte und rechtelose Mensch. Und er hat womöglich sogar noch Rechte auf Geheimnisse, da wir nicht wissen, auf welche Art er connected ist. In seinen Unterhaltungsmedien ist dieser Mensch, der dem Flüchtling das Handy missgönnt, weil es ihn zu einem Menschen macht, gewohnt, dass der Souverän ihm zum Gaudium den panoptischen Blick gönnt. Im *Dschungelcamp* oder in den Fernsehnachrichten. Er ist den Blick auf den entblößten und (wenigstens temporär, wenigstens virtuell) rechtelosen Menschen gewohnt, den »nackten Menschen«, von dem Aristoteles sprach und der zentral ist in Agambens Theorie, als Opfer. Der faschistische Gewalttäter, der das »Flüchtlingsheim« anzündet, will natürlich sein Opfer, und bevor er es quält und tötet, will er ihm, stellvertretend, wie er vielleicht meint, das ganze Elend seiner Eingeschlossenheit und Ausgeschlossenheit demonstrieren. Der Faschist will den Flüchtling nicht nur »weghaben«; er verlangt, dass an ihm das Opfer vollzogen wird. Er verlangt damit gleichzeitig die Entscheidung seiner Mitläufer zwischen dem Souverän, der den Homo sacer »schützt« (wennzwar auch durch Abschiebung oder Ausschließung tötet), und dem Ritual des Opfers: Dieses »Volk«, welches das Opfer verlangt, stellt seinen Souverän in Frage, und die rechten Hassprediger und Scharlatane haben ihre Lektionen durchaus gelernt. Mit der Androhung und der symbolischen Vorwegnahme des Opfers an den Flüchtlingen kann der verhasste »demokratische« Souverän doppelt bezwungen werden, nämlich entweder, indem er sich gegen die Opferrituale als machtlos erweist, oder aber, indem er den Homo sacer zu einem Teil-Opfer verdammt. So ist einmal mehr die »Härte«, die ein europäischer Politiker gegenüber den Flüchtlingen zeigt, in Wirklichkeit seine Nachgiebigkeit gegenüber dem völkischen Widerpart seiner Regentschaft. In der Gewalt gegen den Flüchtling »sprechen« der postdemokratische Souverän und seine halbfaschistische Gesellschaft miteinander und wollen noch zu einer Einigung kommen. Kann man zynischer, kann man inhumaner sein?

I. FATA MORGANA

14.

Der (dezentrale, flüssige) Souverän namens »Europa« will den Flüchtling als Ausweis des permanenten Ausnahmezustands, aber nicht »bei sich«. Der Flüchtling soll also a) daran gehindert werden, den formalen Rechtsraum des »demokratischen Souveräns« überhaupt zu betreten, mithin Menschen- und Bürgerrechte überhaupt erst anwendbar zu machen, vor allem aber ist er auch von den Märkten auszuschließen, deren »Geheimnisse« dieser Souverän nicht teilen will, und das schließt nicht zuletzt den Arbeitsmarkt ein. Nur in zwei Formen kann man den Flüchtling als den nackten und rechtelosen Menschen, als Homo sacer bewahren, durch das radikale Ausschließen, die Stacheldrahtzäune und neue Mauern in Europa, deren grausamen Humor anscheinend kaum jemand zur Kenntnis nimmt, oder durch die radikale Einschließung, im Lager, durch die Beschneidung der Rechte von Bewegung, Kommunikation und Information, durch altmodische, das heißt sichtbare, analoge, performative Formen von Registrierung und Überwachung. Der Flüchtling soll b), einmal vorhanden und sichtbar, »entschieden« unter den Ausnahmezustand gestellt werden; die bloße Gegenwart dieses anderen konstituiert den Ausnahmezustand, was jeder Mensch bestätigen wird, der Polizeikontrollen auf öffentlichen Plätzen erlebt, bei denen automatisch Menschen mit dunkler Hautfarbe herausgegriffen werden. So begreifen wir, warum dieser Souverän zugleich »Integration« verlangt und verweigert. Nicht nur, weil er darunter nur Unterwerfung, nicht aber Dialog verstehen mag, sondern eben deswegen, weil er das »Problem« als ein unlösbares braucht. Er kann weder integrieren (weil das seine Souveränität in Frage stellen würde und weil es den Pakt mit dem Opfer-verlangenden halbfaschistischen Neben-Souverän, den er schon lange akzeptiert hat, stören würde), noch kann er nicht-integrieren, weil es die Regierbarkeit seiner Welt in Frage stellen würde. So führt, zwangsläufig (und sollen wir sagen: geplant?), der Weg vom Lager ins Ghetto.

So kann man nur zu einem Schluss gelangen: Der unsichtbare Souverän namens Europa ist nicht einer, der etwa mit dem Problem »Flüchtling« beschäftigt und herausgefordert wäre, sondern er ist einer, der das »Problem« Flüchtling erst erzeugt.

15.

Der Mensch, der einer Hölle aus Krieg, Mord, Hunger, Chaos, Folter, Verzweiflung und Zukunftslosigkeit entkommen ist, wird am Ziel seiner langen, gefahrvollen Reise einer Verwandlung unterzogen. Er wird nicht in den Menschen, in den Bürger und die Bürgerin, in den Homo faber zurückverwandelt, wie er es sich vielleicht erträumt hat, sondern in den Status des Homo sacer gebannt. An ihm verhandelt die mit sich selber hadernde europäische Meta-Gesellschaft (der Mix von untereinander und ineinander hadernden, glücklosen Gesellschaften) das Verhältnis von Opfern und Töten. Es handelt am Körper des Flüchtlings die wahre Gestalt des Souveräns aus.

Aber, aber. Man tötet doch nicht, man schiebt nur ab. Man selektiert. Flüchtlinge, die unsere Hilfe verdient haben, und solche, die es nicht haben. Flüchtlinge, die man mit mehr oder weniger gutem Gewissen zurückschicken kann, und solche, bei denen es einfach nicht geht. Flüchtlinge, die verfolgt werden, und solche, die nur Hunger haben. Flüchtlinge, die nützlich sind, und Flüchtlinge, die kosten. Flüchtlinge, um die sich gefälligst andere kümmern sollen, und Flüchtlinge, die wir akzeptieren. Flüchtlinge, die uns rühren, und Flüchtlinge, die uns lästig sind. Kein Mensch unter dem unsichtbaren Souverän namens Europa kann sich vollständig vom Zynismus dieser seiner Materialisierung im permanenten Ausnahmezustand befreien.

16.

Am Körper des Flüchtlings kämpfen die drei Gesichter des neuen dezentralen, diskontinuierlichen, flüssigen Souveräns um die Vorherrschaft. So nimmt es nicht Wunder, dass sich noch am Tag, nachdem – ausgelöst wohl durch das Bild des toten Kindes am Strand, das zu einem ikonischen *plot point* in der öffentlichen Meinung wurde – Bilder der Barmherzigkeit der deutschen Gesellschaft und Politik für ein paar Stunden überwogen, der bayerische Innenminister zu Wort meldete, um diese Barmherzigkeit (von der Kanzlerin ausdrücklich als »humanitäre Ausnahme« gekennzeichnet) als schweren Fehler zu brandmarken. Dieser bayerische Innenminister bangt offensichtlich nicht nur um seine Klientel »am rechten Rand«, wie man so sagt, und um »sein« Geld und »seinen« sozialen Frieden, sondern er bangt auch um seine Souveränhaftigkeit. Er hat die Schwäche des Souveräns erkannt und will sie korrigiert wissen. In diesem Land nannte man das zwei, drei Generationen zuvor: »Humanitätsduselei«.

17.

Die Herrschaft des neuen Souveräns materialisiert sich nicht mehr allein durch die Macht des Einschließens, sondern vor allem durch die des Ausschließens. Der panoptische Blick, der von einer zentralen Position über die Bewegungen, die Arbeit, das Wohlverhalten der Menschen wacht und sie durch ihr Sich-beobachtet-Wissen zu einem »erwünschten« Verhalten zwingt, ist durch das umfängliche Wissen vom Untertanen ersetzt, den man jederzeit durch ökonomische Erpressung gefügig machen kann. Wer Macht hat, kann Menschen ausschließen. Wer Menschen ausschließen kann, hat Macht. So haben wir, neben der Gestalt des Homo sacer, der vom Souverän dazu bestimmt ist, nicht geopfert, wohl aber »getötet« zu werden, und neben der Verfügung über den Ausnahmezustand, einen dritten Aspekt der Souveränität. Souverän ist, wer Grenzen ziehen und bewachen kann. Die Grenze spielte eine bedeutende Rolle in der politischen Rhetorik jener, die die »Flüchtlingskrise« für sich nutzen; »offene Grenzen«, der »Verlust der Kontrolle über die Grenzen«, das erinnert nicht nur an eine Öffnung des »Volkskörpers«, sondern weist direkt darauf, dass Souveränität (wieder) hergestellt werden soll.

I. FATA MORGANA

Man schließt vom Markt aus, wer keinen Profit bringt, man schließt von der Arbeit aus, wer nicht genug »Leistung« und Willen zu Ausbeutung und Selbstausbeutung zeigt, man schließt von Bildung aus, wer sich nicht in die Teilung von Eliten und Bedeutungslosen fügt, man schließt von Versorgung aus, wer zu viel Kosten verursacht, und so weiter. Der Neoliberalismus schließt nicht nur Menschen aus, sondern auch Wirtschaftsträume, Kulturen, Ansichten, schließlich ganze Länder. So wie die Postdemokratie die Souveränität des Ausnahmezustandes verlangt und das halbfaschistische Subjekt als Regime oder als soziale Bewegung die Souveränität über den nackten Menschen, so verlangt der Neoliberalismus die Souveränität des Ausschließens. Diese drei Erscheinungsweisen der Souveränität in Europa stehen in Konkurrenz wie in Komplizenschaft zueinander. Sie akkumulieren gemeinsam Souveränität, und sie jagen sich gegenseitig auch Souveränitätspartikel ab.

Offensichtlich ist der durch Ausschließung bedrohte Mensch gefügiger noch als der eingeschlossene. Auf die Drohung durch den panoptischen Blick ist einerseits die subjektive, elektronische Überwachung gefolgt, andererseits aber auch die Drohung des nicht mehr Wahrgenommenwerdens. Schon im panoptisch geordneten Gefängnis gab es eine Drohung, die schlimmer war als der Blick des Wärters, nämlich die Einzelhaft und, noch verschärfter, die Dunkelhaft. Schlimmer als die Gegenwart des Wärters ist seine kalte Abwesenheit. Diese Ausschließung inmitten der Einschließung hat auch den Blick verändert. Der unter den Eingeschlossenen

Ausgeschlossene weiß nichts mehr über den Blick des Wärters. Es kann ihn geben oder auch nicht.

So folgt für den Flüchtling auf Lager und Ghetto genau dieses Schicksal: die Unsichtbarkeit. Staaten und Regionen definieren, nach der großen »Flüchtlingswelle« aus den Balkanländern etwa oder auch in den ersten Wellen aus Nordafrika, den neuen Homo sacer, indem sie ihm gewissermaßen performativ keine Beachtung schenken. (Wir wollen das später am Beispiel Bayerns noch einmal verdeutlichen, wo es sozusagen offizielle Politik der Staatsregierung war, für Flüchtlinge nicht zuständig zu sein.)

Der Untertan des neuen Souveräns ist der Mensch, dem nicht mit dem Gefängnis, sondern gleich mit der Einzelzelle gedroht wird. Solange du überwacht wirst, bist du frei. Je mehr du beobachtet wirst, desto weniger bist du ausgeschlossen. Wer aus dem Gefängnis entlassen wird, der ist schlecht dran. Denn da draußen ist nichts. Die Überwachung des Flüchtlings kann indes auf die von diesem Souverän angestrebte Art nicht gelingen, denn sie kann nicht »freiwillig« sein. Er wird gerade dort, wo er ein williger »Untertan« werden will, kein wirklich bewilligter; er behält die Fremdheit nicht wegen seiner Sprache, seiner Hautfarbe, seiner Religion, seiner Sitten, sondern aus »politischen« Gründen. Der Kampf um die Sichtbarkeit muss beginnen, der Kampf darum, weder ein »Niemand« noch ein falscher »Jemand« zu sein. Und ja, die Kriminalität, der Terror oder auch die Isolation sind nun Optionen. So wie das Opfer, das die Faschisten in Europa dann doch voll-

I. FATA MORGANA

ziehen, gegen den offiziellen Willen des Souveräns, ein Missglücken des Homo-sacer-Zustands ist, ist es auch das Werden des Dschihadisten und Terroristen. (Dieser Zusammenhang wird uns später weiter beschäftigen: Dass eine Vielzahl der dschihadistischen Mörder des IS, die in Europa ihre Anschläge begehen, in Europa selber »erzeugt« werden, ist indes mittlerweile durchaus Mainstream-Meinung.)

Kein Vertrag und kein Vertrauen bewahren dich davor, ausgeschlossen zu werden. Nur solange du selbst zu den Ausschließenden gehörst, kannst du sicher sein, noch nicht vollständig ausgeschlossen zu sein. Du Loser, du Hartz-IV-ler, du Opfa! Der Souverän, der alle seine Untertanen disziplinieren und ihnen einen Platz zuweisen wollte, ist passé. Der neue Souverän herrscht durch unentwegten Ausschluss, durch Selektion, durch den Ausstoß überflüssiger und unnützer Menschen. Die Herrschaft durch Ausschließen senkt sich tief in die Seele des Menschen im Neoliberalismus. Er wird zum eifrigsten Bewacher seines eigenen Gefängnisses, er entblößt sich rascher, als es die Wärter von ihm fordern können, er denunziert alles und jedes um sich herum, er sucht nach Opfern. Kein Wunder, dass der Blick der Überwacher nicht mehr angestrengt, sondern nur noch verächtlich ist.

Der Flüchtling ist ein Störfall der Herrschaft durch Ausschließung. Er ist der Mensch, der sich nicht ausschließen lässt. Nicht durch den Tod (Abschiebung) und nicht durch das Opfer (Abschreckung). Das Ausgeschlossene kehrt wieder. Es verlangt die Rechte zurück, die der Neoliberalismus seinen Untertanen nur mehr selektiv und temporär verleiht. Der Flüchtling macht die Herrschaft der Ausschließung kenntlich, indem er sie in Frage stellt. Es ist der Mensch, den es eigentlich nicht geben darf. Er bringt die Balance der drei Souveräne, Kapital, Regierung und Medienvolk, durcheinander. Die Flüchtlinge, die Asyl bei einem Souverän namens Europa suchten und diesen Souverän nicht fanden, machen den Menschen, die ihnen mal helfen, sie mal verfolgen, überdeutlich: Europa gibt es nicht. Es ist eine Schimäre. Eine Fata Morgana. Dies will der neue Souverän den Flüchtlingen so schnell nicht verzeihen, dass sie die Herrschaft von gebanntem Ausnahmezustand, sozialer Ausschließung und medialen Opferritualen so sichtbar machen. Denn in Wahrheit gibt es daran nichts zu deuten: So, wie dieser Souverän den Flüchtling behandelt, so behandelt er wirklich: den Menschen!

18.

Deswegen ist es nicht mit der »barmherzigen« Unterstützung der Flüchtlinge getan, so dringend notwendig diese auch am Beginn ist, sondern es geht vor allem darum, sie als Menschen sichtbar zu machen, ihnen Namen und Geschichten, Individualität und Ambition zurückzugeben. Eine Hinwendung zu den Flüchtlingen aber, die über die Hilfsbereitschaft hinausgeht und Rechte für sie einfordert, ist bereits eine Rebellion gegen den unsichtbaren Souverän. Jede Revolte hat es mit diesen drei Souveränen zu tun, die nur, solange der Ausnahmezustand zugleich permanent »verhängt« und unsichtbar bleibt, in vollkommener Komplizenschaft wirken können, und man muss sich darüber im Klaren sein, dass eine solche Hilfsbereitschaft, die sich zu Solidarität und Dissidenz entwickelt, auch aus den Helfern und Unterstützern in den Augen dieser dreieinigen Ausnahmezustand-Souveränitäten einen »halben« Homo sacer macht.

Vielleicht aber auch einen wieder ganzen Menschen.

Anmerkungen

1 Ulrich Schäfer: Wir brauchen ein Bündnis für Flüchtlinge. In: Süddeutsche Zeitung, 28.8.2015 (auch: www.sueddeusche.de/wirtschaft/kommentar-buendnis-fuer-fluechtlinge-1.2623744).
2 Giorgio Agamben: Homo sacer. Die souveräne Macht und das nackte Leben. Frankfurt/M. 2002, S. 93; vgl. Nils Markwardt: Philosophie der Flucht. In: der Freitag, 7.10.2015 (auch: www.freitag.de/autoren/nils-markwardt/philosophie-der-flucht).
3 Carl Schmitt: Politische Theologie. Berlin 1996, S. 13; vgl. auch: Giorgio Agamben: Ausnahmezustand. Homo sacer II.1. Frankfurt/M. 2004.
4 Daniel Kretschmar: Keine Angst. In: taz, 17.10.2015 (auch: www.taz.de/!5238899/).
5 Michel Foucault: Überwachen und Strafen. Berlin 1993.

II. Identitäten

1.

Die Mehrheit der Gesellschaft ist um zwei Begriffe versammelt, die Nation und die Demokratie. Beide sind im Sinne von Alain Badiou »Embleme«,[1] das heißt, sie werden als unhinterfragbare und unantastbare »Wahrzeichen« benutzt, so sehr sie auch verfallen oder zerstört sein mögen, und gänzlich unabhängig von ihrer wahren Funktion wirkt »das Unantastbare eines Symbolsystems«. Das Wirkliche dagegen, aber zugleich das, was das Symbolsystem überhaupt erst begründet, das, was »dahintersteckt«, ist die Ökonomie. Das Bruttosozialprodukt drückt nicht nur den Wohlstand in einem Land aus, sondern es ist auch die reale Verbindung der beiden Symbolsysteme. So muss man, um den Wohlstand offen und »frei« genießen zu können, sich zugleich zur »Nation« und zur »Demokratie« bekennen. Das hat eine Zeit lang funktioniert. Mehr und mehr aber zeigten sich überall in Europa: das Erstarken rechtsradikaler und rechtspopulistischer Bewegungen, Separationsimpulse, die Erosion der demokratischen, toleranten Zivilgesellschaften, wachsende soziale Ungleichheit, Arbeitslosigkeit und Prekarisierung, die Erzeugung »überflüssiger Menschen«, der weiterhin ungehinderte Aufstieg von Medienkonzernen und vieles mehr. Die Hoffnung auf ein europäisches Projekt der Demokratie schwand, während auch in den einzelnen europäischen Nationen Demokratie längst nicht mehr der einigende Wert sein konnte.

II. IDENTITÄTEN

Die beiden Wahrzeichen des Wohlstands, die Nation und die Demokratie, geraten in einen heftigen Streit miteinander. Sie treffen auf eine zweite Realität hinter den Realitäten des Neoliberalismus, die mit dem Versprechen des »Wohlstands für alle« wenig zu tun hat. Wenn und solange Wohlstand, Demokratie und Nation eine einigende Ordnung bilden, dürfen sich die Menschen, wenn auch hier wiederum eher symbolisch als real, als Bewohner der »besseren Welt« fühlen. Die neoliberale Dynamik jedoch nimmt immer mehr Menschen den Ort in der Gesellschaft, an dem sie das Dreieck Wohlstand – Demokratie – Nation einigermaßen stabil konstruieren könnten.

Das Wahrzeichen »Demokratie« hat nicht sehr viel mit dem zu tun, was man unter dem politischen Konstrukt von Wahlen, Rechtsstaat, Gewaltenteilung, Repräsentation, Transparenz versteht, sondern es ist ein allgemeines Symbol von einer Freiheit, die den Menschen zusteht, die in der besseren Welt leben (weil sie das »verdient« haben und weil sie »schon immer« da waren). Demokratie ist auf diese Weise nicht etwas, das man lebt, sondern etwas, das man sich gefallen lässt. Deswegen ist es keine rein heuchlerische Taktik, wenn sich Menschen, die auf das Symbolsystem »Nation« umschwenken und, politisch gesehen, eine Abschaffung der Demokratie zugunsten von »Führung«, »Volk« und »Nation« begrüßen würden, sich auf eben die Demokratie berufen. Denn sie berufen sich nicht auf eine politische Praxis, sondern sie berufen sich auf ein Symbolsystem. Ihre einzige Bedingung dabei ist freilich, dass dieses Symbolsystem dem anderen untergeordnet ist. Statt also gemeinsam als »nationale Demokratie« eine Legitimation für das Leben in der besseren Welt zu liefern, müssen sich Nation und Demokratie nun einen Symbolraum teilen. Und es scheint, dass sich dieser Symbolraum für das privilegierte Leben in der besseren Welt (und wenn auch dort nur am unteren Rand) unter jeder Form des äußeren Drucks mehr mit Nation füllt und von Demokratie entleert.

Diese Tendenz einer zähen, aber scheinbar unaufhaltsamen Faschisierung immer weiterer Kreise der Gesellschaften ist durch das Beharrungs- und Verdrängungsvermögen der nationalen Demokratien in Europa nicht verhindert, möglicherweise eher beschleunigt worden. Die nationalen Demokratien, man kann es nicht weniger drastisch sagen, sind am Ende.[2] Sie können weder ihrer Fürsorgepflicht noch dem Ausgleich in ihren Gesellschaften gerecht werden, sie bauen sich selbst, paradox genug, um sich zu erhalten, immer weiter ab. Der Symbolraum Demokratie implodiert; er hat keine sinnvolle Beziehung zum Wohlstand und zum Leben in der besseren Welt mehr, und er kann seinen Pakt mit dem Symbolraum Nation nur noch negativ erfüllen, nämlich als Wirtschaftskrieg gegen andere nationale Demokratien (wie das Beispiel Griechenland zeigt) und als ohnmächtiger Diener des Kapitals. Wohlgemerkt: Hier geht es nicht um Regierungen, die viel aktiver an den Prozessen der Finanzkapitalisierung beteiligt sind, als nur »hilflose Opfer« zu sein, sondern es geht um das Emblem der Demokratie. Demokratie ist für

II. IDENTITÄTEN

den Wohlstand oder das Leben in der besseren Welt weder zwingend nötig, noch ist sie eine hinreichende Legitimation. Wenn Angela Merkel von den Vorreitern der Allgemeinfaschisierung an den Galgen gewünscht wird, dann tun sie es bereits nicht mehr in Bezug auf die Demokratie, sondern in Bezug auf »unser Land«. Das Band, das die Regierung und das Volk zusammenhält, wird nicht mehr durch die Demokratie gebildet, sondern durch die Nation.

Während also die Demokratien sich nationalisieren und dabei zugleich auf zwei Ebenen in die Postdemokratie hinübergleiten – zum einen auf der Ebene der Deregulationen und der Verschmelzung von Politik und Wirtschaft und zum anderen auf der Ebene des Populismus und der Faschisierungstendenzen in der eigenen Gesellschaft –, wurde nicht nur versäumt, das Projekt einer neuen, einer transnationalen, einer europäischen Demokratie, die diesen Namen verdient, voranzutreiben, sondern es wurde mehr oder weniger alles getan, um dies zu verhindern. Dieses noch nicht einmal richtig vor-demokratische Europa hat es zugelassen und gefördert, dass einige seiner Mitglieder ihr Nation-Building auf der Grundlage von ethnischen, kulturellen und religiösen Identitäten betreiben. Hauptsache, die Regierungen waren nicht links; solange man die Märkte öffnete und Teil des »Verteidigungsbündnisses« wurde, dann genügten bereits noch so oberflächliche Demokratie-Inszenierungen, um sich als EU-Mitglied zu qualifizieren. So kam es, dass das Problem der steigenden Flüchtlingszahlen – sie waren absehbar, sie wurden verdrängt, und sie werden weiter verdrängt, denn es mehren sich bereits Anzeichen für neue, noch viel größere »Flüchtlingswellen« – auf ein Europa traf, das sich standhaft der politischen Öffnung und Demokratisierung verweigerte und stattdessen seinen Mitgliedern nicht nur die rhetorische, sondern auch die politische Renationalisierung gestattete. Wir müssen wohl nicht besonders darauf hinweisen, wie bedeutend darin die Rolle eines gewissen Landes in der Mitte ist, das sich gern mit dem Titel eines »Exportweltmeisters« schmückt und inmitten der besseren Welt immer noch als die beste in Szene setzt.

2.

Die drei großen Diskurse, Ökonomie, Nation und Demokratie, haben sich auf jeweils spezielle Weise in eine symbolische Ordnung aufgelöst: Der Anteil an der Ökonomie ist für die meisten Menschen weitgehend medialisiert und ritualisiert. Man kauft mehr Symbole des Wohlstands als wirkliche Dinge des Wohlstands, vom schlechten Fleisch für wenig Geld über die Textilien, die in Sweatshops in fernen Ländern gefertigt sind, bis zur Urlaubsreise im Massentourismus. Davon, dass man unentwegt Bilder von Glück, Fortschritt und Wachstum in Werbung und Entertainment konsumiert, ganz zu schweigen. Auch der Wohlstand ist in gewisser Weise verflüssigt; er zeigt sich nicht mehr in der Akkumulation, der linearen Karriere und dem »Häuslebauen«, sondern im »Geldausgebenkönnen«, in der Selbstoptimierung, der Spekulation und der Performanz. Der

II. IDENTITÄTEN

Wohlstand, der auch noch in der Mitte verblieben ist und immer noch ein »Zuviel« und »Zuwenig«, jedoch nie ein »Gerade richtig« generiert, ist doppelt belastet: Man weiß, dass er auf dem Rücken und über die Leichen von Menschen in anderen Ländern und Kontinenten genossen wird, man weiß, welche Schäden er für das Klima, die Umwelt, die »Natur« bedeutet, und zugleich weiß man, dass er nichts Bleibendes mehr in sich hat, dass er, kurzum, Schuld und Verschuldung in sich trägt. Und so wird die verbliebene Teilhabe am Wohlstand immer fiktionaler, unglücklicher, angestrengter: Der Wohlstand, mit all seinen Konnotationen von Sexualität, Regression und Massenhaftigkeit, ist ein immerwährendes Helene-Fischer-Konzert, ist genügend Bier zum Fußball, ist das Nagelstudio um die Ecke. Man kann es einen flüchtigen Wohlstand nennen, einen Wohlstand, der, selbst dann, wenn man es denn wollte, nur schwer mit den Flüchtlingen zu teilen wäre. Die nämlich mögen sich unter Wohlstand etwas ganz anderes vorstellen, eine Form der Sicherheit, des Konstruktiven, des Nachhaltigen. Wenn man seinen Wohlstand mit den Flüchtlingen teilen müsste, dann müsste man sich eingestehen, wie illusionär er ist, wie Schuld- und Schulden-belastet, wie spekulativ. Die Flüchtlinge dürfen nichts von »unserem« Wohlstand haben, weil sie sonst sein Geheimnis erfahren müssten. Dass er zugleich unrecht und unsicher ist. Dass auch er vor allem eine Fata Morgana ist.

Die Nation ist vor allem eine Inszenierung der Unterhaltungsindustrie, Sport, Heimatschnulze, nationales Feelgood-Movie und Großevent, aber selbst noch die Faschisten und Halbfaschisten sind vor allem und erst einmal ein Marktsegment. Der Rechtspopulismus und Neofaschismus in Europa hätte nie die Stellung, die er mittlerweile einnehmen kann, wenn er nicht zugleich immer auch eine große Geldmaschine wäre. Mehr noch als der Wohlstand entpuppt sich die Nation, sieht man sie näher an, als Hirngespinst. Sie ist weder ein geschlossener Wirtschaftsraum noch eine kulturelle Einheit. Anders als im 19. Jahrhundert gibt es kein bürgerliches Subjekt, das sich an ihr und in ihr entfalten konnte (um dann im nächsten Jahrhundert in zwei Weltkriegen blutig unterzugehen). Selbst der dümmste Pegida-Schwätzer muss wissen, dass der Wohlstand, auf den man sich negativ beruft (nämlich als Hassangst davor, dass jemand etwas davon abhaben wollte), gerade aus der politisch-ökonomischen Entnationalisierung von Produktion und Warenverkehr stammt. Was der nationalistische Montagsmarschierer isst und trinkt, womit er sich kleidet und womit er sein Heim verschönt, einschließlich der Deutschland-Fahne, die er oder sie trägt, stammt aus einer transnationalen Wirtschaft, aus den interkontinentalen Ausbeutungsverhältnissen, die den Kolonialismus beerbt haben. Die Konzerne und Unternehmen im eigenen Land, die den flüssigen Wohlstand generieren und die allein durch das unermüdliche und weltvergiftende Wachstum dafür sorgen, dass die Reichen immer noch reicher werden können, ohne dass die Armen unter die Hungergrenze gestoßen werden, bewegen ihr Kapital und ihre Produkte un- und transnational. Wenn man begriffen hat, dass Europa eine Fata Morga-

II. IDENTITÄTEN

na ist, begreift man zugleich, dass auch die Nation ein vollkommen illusionäres Gebilde ist, das sich freilich in den politisch-ökonomischen Kreisläufen hervorragend instrumentalisieren lässt. Wer die Nation fetischisiert, vielleicht weil er partout keine Heimat gefunden hat, muss gerade deswegen immer militanter werden, weil er sich auf ein unwirkliches Konstrukt eingelassen hat. Die meisten Menschen in den nationalistischen und neofaschistischen Bewegungen wissen oder ahnen vermutlich zumindest, dass die Narrative und Bilder, die sie vereinen, »kontrafaktisch« sind. Sie behandeln deshalb »Nation« nicht als Diskurs, sondern als Dispositiv (dazu später mehr). Damit sind sie jedem Argument unzugänglich; der Flüchtling aber, nicht anders als beim Wohlstand, ist eine Bedrohung dieser Konstruktion und zugleich ihre negative Bestätigung: Die Nation existiert, weil man sie gegen die Eindringlinge verteidigen muss. Sieht man aber den Menschen in demjenigen, mit dem man Brot und Ideen teilen könnte, dann sieht man durch ihn, dass die Nation eine imaginäre Einheit ist; identitäre Strategien können immer nur durch die eigene Hysterisierung überleben.

Und Demokratie, natürlich, beschränkt sich auf die Differenz zwischen dem, was wir alles dürfen und die anderen nicht. Deshalb sind durch solche Vorstellungen von Demokratie als nationaler und ökonomischer Konstruktion von Freiheiten (es ist klar, was man als Deutscher alles darf, es ist klar, was man alles darf, wenn man es sich leisten kann) selbst noch die Rituale der Postdemokratie in Gefahr. Die Teilnahme an einer Wahl zum

Beispiel oder auch nur ein Minimum an dem, was man früher »politische Bildung« genannt hätte, laufen dieser Vorstellung von Demokratie als System bedingter Freiheiten zuwider. Diese Demokratie wird nur wahrgenommen, indem man sie von außen bedroht sieht. So kann man sich etwa als Demokrat fühlen, wenn man anderen Leuten das Tragen von Kopftüchern verbietet. Je weniger man wirklich Anteil hat an Ökonomie, Nation und Demokratie (bzw. »Regierung«), desto wichtiger wird die Teilhabe an den symbolischen Ordnungen. Sie funktionieren nur, wenn es »die anderen« gibt.

Durch die Abwehr der anderen werden die symbolischen Ordnungen real – so wie für den Fundamentalisten seine Religion erst durch die andauernde Kränkung durch Ungläubige oder Verräter real wird. Jede symbolische Ordnung verlangt das Opfer. Deshalb kommen »Asylanten« nicht nur den populistischen Taktikern und »Rattenfängern« recht, sondern auch jenen Menschen, die Teilhabe nur noch im rassistischen, nationalistischen und aggressiven Modus zu erringen glauben, da sie ihren Switch von den realen zu den symbolischen Teilhaben (und »Identitäten«) nur anhand des anderen und anhand des Opfers realisieren können. Das potenziell Mörderische von Pegida und ähnlichen Bewegungen ist nicht nur mit Händen zu greifen, es liegt in der Logik der Entwicklung. Die Nation als das große andere, das in seiner Spiegelung »Identität« verspricht – eben das, was an die Stelle der zerbrochenen Einheit treten soll –, kann schließlich nur noch durch Gewalt erzeugt werden. Demokratie, Liberalität, Aufklärung,

II. IDENTITÄTEN

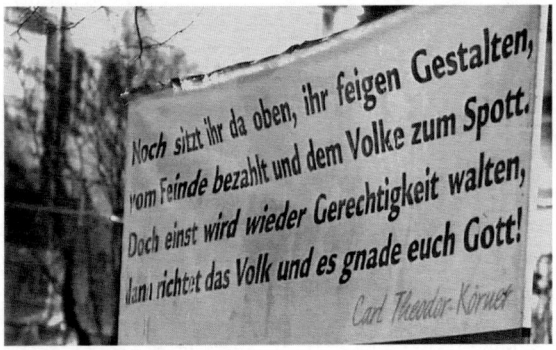

Legida-Demonstration, 11.1.2016

Toleranz und schlichte großzügige Lebensfreude wurden ja schon vorher als die Urheber der narzisstischen Kränkung ausgemacht: Eine nationale »Seele« kann schon deswegen nicht ertragen, dass der Flüchtling als Mensch angesehen wird, weil damit die nationale Konstruktion der Welt in Frage gestellt wurde. Eine nationale »Seele« kann schon deswegen nicht ertragen, dass der Flüchtling als Mensch angesehen wird, weil damit die nationale Konstruktion der Welt in Frage gestellt wurde. Die demokratischen, nationalen Regierungen werden dabei stets als Hindernis gesehen, gleichgültig wie sehr deren Vertreter Entgegenkommen zeigen. Allen rechtspopulistischen Bewegungen in Europa ist der Hass gegen »die Politiker« oder »die alten Parteien« gemeinsam; sie erscheinen als die Instanzen, die die Entstehung des neuen politischen Subjekts, der nationalen Masse, noch verhindern. Sie verkörpern, so scheint es, das verhasste Weiche, die verhasste »Grenzenlosigkeit«.

Die »Gefahr«, die von den Flüchtlingen ausgeht, liegt gerade in dem Prinzip des »Teilens«. Sie sind kaum eine Bedrohung für den realen Wohlstand, »die Wirtschaft« hat das natürlich längst gesehen, und ganz weit unten auf der moralischen Skala hat man schon erkannt, dass man mit Flüchtlingen bessere Geschäfte machen kann als mit Drogen. Wir erinnern uns noch an die Zeit der »Gastarbeiter«, wo gerade jene am lautesten gegen Ausländer und »Zigeuner« hetzten, die ihre letzten Kellerlöcher für horrende Summen an sie vermieteten: Ökonomische Kriminalität, so viel wissen wir aus der Geschichte, erhöht den Faschisierungsdruck. Denn Faschismus verspricht einerseits, die unerwünschte ökonomische Kriminalität zu beseitigen, und andererseits, die eigene ökonomische Kriminalität zu legitimieren. Die Gefahr, die von den Flüchtlingen ausgeht, ist der Zusammenbruch der symbolischen Ordnungen in der Postdemokratie und im Neoliberalismus. Ihr »Verbrechen« besteht gerade darin, dass sie »wirkliche Menschen« sind. Sie verkörpern eine menschliche Wirklichkeit, auf die der national »wiedergeborene« Deutsche verzichten musste (was ihm indes, wie wir wissen, nicht allzu schwer fiel).

3.

Tatsächlich begegnen uns diese Mytheme der »nationalen Erweckung« und der »Wiedergeburt« immer wieder. Dort, bei den AfD- und Pegida-Veranstaltungen zum

II. IDENTITÄTEN

Beispiel, bei den Versammlungen der Neofaschisten in Frankreich oder Italien, begegnen uns jene seltsamen Konvertiten, die und deren Narrative, wie man so sagt, »kaum wiederzuerkennen« sind. Als wäre da eine nationale Wiedergeburt die einzige Möglichkeit gewesen, auf die inneren Widersprüche zu reagieren und noch einmal »ganz« zu werden. So wie es eine schlichte Taktik, eine Ideologie und ein ökonomisches Interesse in der Nationalisierung von Wahrnehmung und Weltbild gibt, gibt es auch eine Psychopathologie von Flüchtlingshass und Mordlust. Auf der Flucht vor den eigenen inneren Widersprüchen indes verfallen diese nationaldschihadistischen Konvertiten, denen man nun wahrlich noch zu viel Intelligenz zuzuschreiben versucht ist, um den inhumanen Blödsinn, den sie verzapfen, wirklich zu glauben, nur in immer neue Widersprüche. Nur die immer weitere Flucht in immer noch mehr Militanz und noch mehr Berauschung durch Beifall und Bewegung scheint sie über die Runden zu bringen. Auf der einen Seite steht eine Produktion der kontrafaktischen Wolke durch schlichte Lügen oder gezielte Gerüchte. Der Polizeidirektor von Anklam, Gunnar Mächler, muss sich mit einem Sturm von Anfragen und Anklagen ebenso abstruser wie einander verdächtig ähnlender Anschuldigungen auseinandersetzen: Flüchtlinge hätten einer alten deutschen Frau den prall gefüllten Einkaufswagen vor dem Supermarkt entwendet, und die Angestellten hätten nicht gewagt einzugreifen, so aggressiv sei das Auftreten der Flüchtlinge gewesen. Ein andermal hätten Flüchtlinge einen ebenso prall gefüllten Einkaufswagen, ohne zu zahlen, aus dem Discounter geschoben und fröhlich gerufen: »Angela Merkel zahlt«.[3] Ein Facebook-Post beschreibt: »Meine Tante ist Kassiererin bei Lidl. Sie haben heute die Ansage von ihrem Chef bekommen: ›Roma und Sinti klauen lassen, bei der Inventur wird der Schaden ersetzt durch ein Amt (welches wusste sie nicht)!‹« Es sind diese gefüllten Einkaufswagen, um die die Fantasien sich drehen. Und wenn vom Polizeipräsidium offiziell die Anschuldigungen als haltlos zurückgewiesen und mit Verbrechensstatistiken bewiesen wird, dass die Kriminalität durch die Anwesenheit der Flüchtlinge mitnichten gestiegen sei, wird sogleich unterstellt, die Zahlen seien gefälscht. Diese erfundenen Bilder kommen ganz offensichtlich aus den Tiefen von Lust und Angst, kreisen um kulinarische, sexuelle und verbale Verbote, projizieren ganz offensichtlich eigene, unterdrückte Begierden, weiten sich zu Serien memischer Gleichförmigkeit.

Noch ein Beispiel (wir entnehmen es der *Allgäuer Zeitung* vom 7. November 2015): Ein Facebook-Teilnehmer, der sich einen weiblichen Namen gegeben hat, beginnt mit dem bemerkenswerten Satz: »Auch auf die Gefahr hin, jetzt als Volksverhetzer dazustehen, mich regt's einfach auf.« Und es folgt die abenteuerliche Geschichte, nach der »sie« beobachtet haben wollte, dass in einem Schongauer Sportgeschäft »ein junger Flüchtling mit einem Schein vom Landratsamt für 100 Euro Schuhe aussuchen durfte. Das Paar Schuhe, das ihm gefiel, soll aber 140 Euro gekostet haben. Angeblich bestand er trotzdem auf diese Schuhe. Die Verkäuferin habe beim

II. IDENTITÄTEN

Landratsamt angerufen. Dort hieß es angeblich, das gehe in Ordnung.«[4] Die Empörung, die die Facebook-Posterin darob äußerte, wurde natürlich von zahlreichen Followern geteilt und zum üblichen sich steigernden »Volkszorn« und Shitstorm. Nachdem der Pressesprecher des Landratsamts Weilheim-Schongau von diesen Gerüchten und Anschuldigungen im »sozialen Netzwerk« gehört hatte, ging er der Sache nach: Nirgendwo werden Gutscheine für Schuhe ausgestellt, kein Sportgeschäft in der Stadt konnte von einem Kunden berichten, der Gutscheine präsentiert hätte. Auch ein Telefonat zwischen einem Sportgeschäft und dem Landratsamt konnte ausgeschlossen werden. Nachdem der Pressesprecher den Sachverhalt auf seiner eigenen Facebook-Seite richtiggestellt hatte und sachlich erläuterte, wie denn tatsächlich die Unterstützung der Behörden ablaufe, musste er bald darauf seine Seite wieder schließen mit der Begründung, die Kommentare »liefen in eine Richtung, die ich so auf meiner Seite nicht vertreten kann«. Die Richtigstellung einer offenkundigen Lüge führt also zu einem weiteren braunen Shitstorm.

Man mag sich nun fragen: Was geht in Menschen vor, die ein einfaches Lügenmärchen wie das von den Schuhgutscheinen oder dem gestohlenen Einkaufswagen in die Welt setzen? Handelt es sich um schlichte skrupellose Propagandisten des neuen Faschismus (sogar die Einleitung folgt dem mittlerweile so sattsam bekannten Muster des vorauseilenden Protestes dagegen, »in die rechte Ecke gestellt« zu werden) oder um so tief seelen- und sozialkranke Menschen, dass sie ihre eigenen Phantasmen schon für Realitäten nehmen? Oder sind es Menschen, die sich die Aufmerksamkeits- und Anerkennungsstrategien des medialen Dauerregens zu eigen gemacht haben: Das kindliche Verhalten, durch eine Lügengeschichte die Zustimmung, das Mitleid, die Anerkennung der anderen zu erringen, entpuppt sich als so ideal, wie umgekehrt die Reaktion der »Gutmenschen«, der »Lügenpresse«, »der Politiker« die größte Lügengeschichte nur bestätigen kann. Tatsache ist, dass man für solche Erfindungen belohnt wird, denn ein Teil der Bevölkerung will sie ja offensichtlich glauben. Man produziert, was Aufmerksamkeit und Anerkennung erzielt, zuerst im Netz, dann auf der Straße. Es entsteht ein System einer vollständig erfundenen Verleumdung als Grundlage für Hate Speech und offene Hetze. Die Entstehung dieser subsozialen »Erzählung« von den Flüchtlingen, die kriminell sind, die sich »auf unsere Kosten ein gutes Leben machen«, die alten Damen die Einkaufswagen stehlen, sind also weder allein durch Propaganda noch allein durch Paranoia zu erklären.

So sehen wir in den europäischen rechtspopulistischen und neofaschistischen Bewegungen mehr oder weniger intelligenten Menschen beim öffentlichen Verrücktwerden zu. Akif Pirinçci oder Jürgen Elsässer sind nur die bekanntesten Beispiele für die öffentlich ausgelebte Paranoia einstiger »Intellektueller«; vielleicht entscheidender aber sind die Auswirkungen einer Tendenz, die sich bis in die Mainstream-Medien bemerkbar macht, die Nationalisierung (um Begriffe wie Volk und Grenze) zum selbstkonstruktiven Mythos umzuformen.

II. IDENTITÄTEN

Interesse und Irrsinn sind da im Einzelfall schwer auseinanderzuhalten. Wie auch in jener Politiker-Stimme, die Flüchtlinge aus Eritrea mit dem Hinweis abzulehnen versucht, es handele sich um »Wehrpflichtflüchtlinge« (als wäre einerseits Wehrpflicht ein heiliges Gut, egal welches Regime sie einsetzt, und als wäre man andererseits bereit, gern zuzusehen, wenn in den Herkunftsländern der Flüchtlinge weiter geschossen und gemordet würde). Der Zynismus ist da kaum noch zu überbieten. Aber das ist vielleicht nicht das Entscheidende. Vielmehr geht es darum, ein Phänomen zu diagnostizieren, das offenbar an sehr unterschiedlichen sozialen und kulturellen Orten erscheint. Das Bild der »Verlierer«, die sich zu einem Widerstand gegen das falsche Objekt finden, ist dabei ganz offenbar genauso viel zu eng gefasst wie das von »Ewiggestrigen« und »falsch Erzogenen«, aber auch das von »Rattenfängern« und »Scharlatanen« trifft das Geschehen nicht wirklich. Etwas, so scheint es allen unbefangenen Beobachtern von außen, »kommt da hoch«, ein Verborgenes und Verdrängtes, etwas, das nie verschwunden, nur immer ökonomisch und politisch gebändigt war.

Ein weiterer performativer Auftritt, der das System von Kontrolle, Vertrauen und Fürsorge betrifft, fand im sächsischen Ellefeld Anfang Dezember 2015 statt. In der Gemeinderatssitzung sprach da der lokale Arzt für Innere Medizin, ausdrücklich als AfD-Mitglied vorgestellt, und erklärte, er werde »keine Flüchtlinge oder Ausländer« behandeln. Auf den hippokratischen Eid angesprochen, bekundete er: »Das interessiert mich nicht.«⁵ »Das interessiert mich nicht« ist dabei Programm, es gilt gegenüber der schlichten Wirklichkeit wie gegenüber einer Standesverpflichtung, es gilt gegenüber der Logik wie gegenüber dem Gefühl. Es sind offenkundig Akte des vollkommenen Bruchs mit der Zivilgesellschaft in der Perspektive einer »rassischen« oder nationalen »Wiedergeburt«. Dafür ist keine Lüge zu offensichtlich, kein sozialer Verstoß zu niederträchtig. Der Bruch mit der Zivilgesellschaft und ihren menschlichen und sozialen Verpflichtungen ist der *plot point* einer deutsch-nationalen Karriere, so wie der Auftritt des Flüchtlings (vor allem dort, wo es ihn – noch – gar nicht als reale Person, sondern nur als Gespenst gibt) ihm das Opfer liefert. Der »wiedergeborene Deutsche« braucht die Gelegenheit zum Bruch mit der demokratischen Zivilgesellschaft, dazu braucht er den Fremden, und dazu braucht er, ohne Einschränkung, die Lüge. Da er diese Lüge eher wie ein Gebet formuliert (die rassistischen Lügen auf eine Form hin zu untersuchen, das wäre gewiss eine Aufgabe der Linguistik oder Rhetorik, aber ach ...), kann er ihre Entlarvung denn auch als Kränkung und Sakrileg behandeln. Der Fremdenhass des Deutschnationalisten ist mehr noch als eine Ideologie eine Religion. Eine besonders widerliche, natürlich.

4.

Während es der Politik des medienpopulistischen Opportunismus darum zu gehen scheint, dem rechten Rand von Flüchtlingshass und Rassismus gegenüber »Verständnis

II. IDENTITÄTEN

zu zeigen«, ohne zu verstehen, obliegt es der Kritik, die diesen Namen verdient, zu verstehen, ohne Verständnis zu zeigen. Es gilt, mit anderen Worten, das Dispositiv von Xenophobie und Neo-Nationalismus zu verstehen. Hier ist allerdings ein längeres theoretisches Zwischenspiel vonnöten, nämlich die Klärung der Frage, was in unserem Zusammenhang unter einem Dispositiv zu verstehen sei. Denn weder als »Ideologie« noch als »Krankheit«, weder als »Religion« noch als »Wahn« allein könnten wir den Hass erklären, mit dem eine wahrhaft ungeheuerliche Anzahl von Deutschen (bzw. Europäern) auf die Flüchtlinge reagiert, und schon gar nicht den Umstand, dass dieser Hass so um sich greifen kann.

Wir stellen uns seit geraumer Zeit das Wissen nicht mehr als eine »objektive« oder auch nur konsistente Sache vor, welche »die Menschheit« erwirbt und damit sich selbst verändert. Wissen mag mehr oder weniger modellhaft ein unumkehrbares und (mehr oder weniger) unleugbares narratives Gut sein – die »Tatsache« (der Begriff selbst ist eine Praxis des Wissens vom Wissen), dass die Erde rund ist und sich um die Sonne dreht, ist nicht mehr zu leugnen, ansonsten aber gilt es – so wie die alten Griechen zwischen dem Leben an sich und dem gelebten Leben (*bios*) unterschieden –, zwischen einem Wissen an sich (das, wie das Leben an sich, eher transzendental zu verstehen ist) und dem wirkenden Wissen zu unterscheiden, das sich in einem unentwegten Anwendungs- und Transformationsprozess befindet.

Dieses Wissen ist weder an bestimmte Diskurse noch an bestimmte Sprachen noch an bestimmte Medien gebunden, wohl aber an Interessen, an Hegemonien und Strukturen. Das Wissen, mit einem Wort, ist in erster Linie eine Funktion der Macht. Dadurch unterwirft sich nicht nur sein »Inhalt«, sondern auch seine »Gestalt«. Nicht zuletzt wird, wenn es um die Realisierung von Macht geht, aus dem diskursiven Wissen das Bild oder das Narrativ. Und umgekehrt wird auch das unterdrückte und »verbotene« Wissen in die Form von Bildern, Erzählungen, Riten usw. gebracht. Man kann dabei, zumindest als Sonderfall, mit Michel Foucault von »unterworfenem Wissen« sprechen.

Foucault[6] definiert das unterworfene Wissen auf der einen Seite als »Verschleierung« – »Inhalte, die verschüttet, in funktionalen Zusammenhängen oder in formalen Systematisierungen verschleiert wurden« –, und auf der anderen Seite wird es als »nicht-begriffliches Wissen, als unzureichend ausgearbeitetes Wissen, als naives Wissen, als hierarchisch untergeordnetes Wissen, als Wissen unterhalb des Niveaus der Erkenntnis oder der erforderlichen Wissenschaftlichkeit disqualifiziert«.[7]

Vereinfacht und drastisch gesehen gibt es also ein unterworfenes Wissen, das in der Begrifflichkeit und in der Verwaltung eingeschlossen ist, und ein unterworfenes Wissen, das aus Begrifflichkeit und Kontrolle ausgeschlossen ist. In gewisser Weise können wir also auch hier eine Teilung erkennen, die der von Beute und Gespenst in den Dingen[8] entspricht.

Ganz nebenbei lässt sich so erkennen, dass es ein Wissen als Fundus, Repertoire, Lager oder Archiv nicht

II. IDENTITÄTEN

wirklich gibt; jedes Wissen muss auf eine spezielle Weise erobert und befreit werden. Das jedenfalls ist das Aktivum.

Das Passivum hingegen besteht in einer steten »Wiederkehr des Wissens«; es taucht gleichsam in immer neuen Verkleidungen, Auflösungen und Maskierungen an unerwarteten Stellen – eben als »Gespenst des Wissens« – wieder auf. Das Wissen als Beute kann nicht beliebig verwaltet und angewandt werden, und schon gar nicht unter den Verwertungsbedingungen des Kapitals. Denn so wie das Objekt, die Natur und schließlich auch das Subjekt verwandelt sich auch das Wissen zuerst in eine Ware (und konnte unter anderem dadurch der Emanzipation des Bürgertums dienlich sein) und dann in ein Element des Finanzmarktes, das sich bewegt, um Profit zu generieren.

Das Wissen, das zunächst eine feste Form in den Bibliotheken, den Universitäten und den Archiven annahm, eine subjektive Form in den »großen Geistern« (einschließlich der kritischen Geister am Rand), das sich schließlich verflüssigte in den Diskursen und im Wissen über die Grenzen und die Widersprüche des Wissens, nimmt nun eine gleichsam gasförmige Gestalt an.

Das von der Macht bzw. den Mächten zurückgehaltene, verwaltete und begrifflich eingesperrte Wissen und das von der Macht bzw. den Mächten verbreitete, aufgelöste und transformierte Wissen (schließlich in der verbraucherfreundlichsten Form von Entertainment) bewegen sich immer weiter auseinander. Das Einzige, was sie aneinander bindet, ist das Wachstum. (Das ökonomische Wachstum, so scheint es, ist an dieses Auseinanderwachsen des Wissens gebunden.)

Ist das Wissen als nicht nur ökonomisches Gut, sondern als Element der Kapitalisierung erkannt, muss zum »natürlichen« Wachstum des Wissens, das wir einem menschlichen Wissensdrang zuordnen, den unsere Erzählungen fälschlich dem »Menschen an sich« andichten, ein zyklisches, angeheiztes und manipuliertes Wachstum kommen. Diesem Wachstum entspricht eine ständige Ausdifferenzierung und Neustrukturierung der Märkte des Wissens. Und wie auf den anderen Märkten auch, erkennen wir auf den Märkten des Wissens nicht nur Formen inkludierender Attraktion (Wissen, das verspricht, gut zu sein für die Karriere, für den Status, für das Wohlbefinden etc.), sondern auch des Ausschlusses. Unnütz zu sagen, dass solcher Ausschluss nun nicht mehr unbedingt mit den Formen der alten Disziplinargesellschaft verwirklicht wird, sondern in einer Mischung aus ökonomischem Druck und kultureller Auflösung. Die soziale Maschine der Unterhaltung verwandelt die makrosoziale Mechanik des Ausschließens vom Wissen in eine mikrosoziale »Befreiung«: Das Wissen, das ich nicht bekomme, verwandelt sich in ein Wissen, das ich nicht brauche, in einem Bild bzw. einem Narrativ, das mir erklärt, um wie vieles leichter und besser ich ohne dieses Wissen lebe, welches sich in den Händen von uncoolen, komischen und erfolglosen Menschen befindet oder in fernen Festungen des Wissens gut verwahrt ist.

Unterhaltung verweigert nicht einfach Wissen, sondern verwandelt es in die zweite Form von Foucaults

II. IDENTITÄTEN

»unterworfenem Wissen«. Oder anders gesagt: Unterhaltung verwandelt Diskurse zu Teilen eines Dispositivs.

Ausgehend von Foucaults Gebrauch des Begriffs Dispositiv fasst Giorgio Agamben zusammen:

»a. Es ist eine heterogene Gesamtheit, die potenziell alles Erdenkliche, sei es sprachlich oder nichtsprachlich, einschließt: Diskurse, Institutionen, Gebäude, Gesetze, polizeiliche Maßnahmen, philosophische Lehrsätze usw. Das Dispositiv ist das Netz, das man zwischen diesen Elementen herstellen kann.

b. Das Dispositiv hat immer eine konkrete strategische Funktion und ist immer in ein Machtverhältnis eingeschrieben.

c. Als solches geht es aus einer Verschränkung von Macht- und Wissensverhältnissen hervor.«[9]

Man könnte noch hinzufügen, dass das Dispositiv auf eine bestimmte Art mit »Positivität« aufgeladen ist (»Positivité« als Begriffsvorläufer bei Foucault), das heißt, die »Gestimmtheit« zu einer Akzeptanz, einer Bereitschaft, einer ihrer selbst nicht gewahren Bewegung entsteht aus einer Bejahung, man könnte vielleicht sogar sagen aus einer unbewussten Erwartung einer »Belohnung«. Das Dispositiv erzeugt eine Zustimmung, die ihrerseits auf Zustimmung hoffen darf. Die sich verstärkende Zustimmung verschleiert immer weiter das ursprüngliche Wissen, auch das ursprüngliche Nicht-Wissen natürlich. Positivität meint in diesem Fall aber auch eine (immerhin vage) Vorstellung von Fortschritt oder Verbesserung in der Geschichte. Oder etwas derb gesagt: Wer einem Dispositiv folgt, meint immer, vorwärts zu stürmen und nicht zurückzuweichen (auch dann wenn die Legitimierung durch ein Zurück zu alten Werten erzeugt werden mag). Aber diese Positivität ist zweifellos und nicht beliebig kaschierbar auch ein Zwang. Zwar mag dieser Zwang nicht mehr in der gewaltsamen und hierarchischen Weise erlebt werden, wie es in der »positiven Religion« nach Hegel der Fall ist (und die sie fundamental und nicht unabscheulich von einer »natürlichen Religion« unterscheidet), aber er ist noch im »unverbindlichsten« Dispositiv (sagen wir: in einer Werbekampagne, die bestimmte, etwa haushälterische Eigenschaften mit Glücksversprechen durch den Gebrauch einer bestimmten Ware verknüpft) ausgeprägt genug, um ein Neben-Empfinden des Unbehagens – und damit das Gespenstische – zu erzeugen.

Wenn das Dispositiv nun in der Tat mit dieser Form der Positivität verbunden ist, das heißt also auch: mit einem Zwang, in der Biografie und in der Geschichte fortzuschreiten, dann enthält es automatisch nicht nur den Zwang gegenüber sich selbst, sondern auch den gegenüber anderen. Das Dispositiv weiß zwar nicht genau, wo es herkommt, aber durchaus, wo es hinmuss. Und so wie jede positive Religion den doppelten Zwang enthält, sich selbst zu unterwerfen und andere zu unterwerfen, so enthält das Dispositiv den doppelten Zwang, das eigene Wissen und das Wissen der anderen zu unterwerfen.

Die Herrschaft der Dispositive weitet sich also zwanghaft aus.

Als einfaches Modell eines Dispositivs, scheinbar »harmlos«, insofern seine Auswirkungen begrenzt sind und

II. IDENTITÄTEN

»der guten Sache«, nämlich dem »Markt« dienen, kann man die Werbekampagne ansehen. Sie erfüllt all die Kriterien, die Agamben zusammengestellt hat. Alles – Bilder, »wissenschaftliche« Diskurse, Gebäude, Mythen, Sprechweisen etc. – kann von ihr benutzt werden. Die doppelte konkrete strategische Funktion liegt auf der Hand: der Absatz von Waren einer bestimmten Marke und die positive Veränderung des Status dieser Marke nicht nur auf dem Markt, sondern auch in der Kultur. Und schließlich ist die »Verschränkung von Macht- und Wissensverhältnissen« nur allzu evident. Jede Werbekampagne ist die Entfaltung von unterworfenem Wissen.

Beim Übergang von der Disziplinar- in die Kontrollgesellschaft verwandeln sich immer mehr Diskurse (die Aushandlungen und versuchten Festschreibungen dessen, was als gut, richtig, wahr, vernünftig, wertvoll usw. angesehen wird und was nicht) in Dispositive (»Werbekampagnen«, die keine Waren oder Dienstleistungen, sondern positive Gestimmtheiten in politischer, ökonomischer und kultureller Praxis vermitteln). Im Dispositiv weiß man nicht, wo die Macht und das Wissen herkommen und wie sie sich verschränken, aber man bewegt sich in die »richtige« Richtung.

So einfach es nun sein mag, eine Werbekampagne, und was nach ihrem Vorbild von allerlei »Spin Doctors«, Imageberatern, Media-Experten etc. »gefahren« werden kann, als Modell – vielleicht auch als Karikatur – eines Dispositivs anzusehen, so schwierig ist es dennoch, sich eine Gesellschaft unter der *Herrschaft* der Dispositive vorzustellen.

So viel jedenfalls ist klar: Das Dispositiv als Erbe und als Technik der Positivität will eine gesellschaftliche Situation nicht stabilisieren, sondern verändern. Ein einfaches, der »unsichtbaren Hand« des Marktes abgeschautes Modell freilich könnte beschreiben, wie ein allgemeines »Brodeln« der Dispositive eine Gesellschaft zwar wärmen, aber doch auch homogenisieren würde. Denn, um zu den Werbekampagnen zurückzukommen: Auch Dispositive stehen ja untereinander in Wettbewerb, begrenzen und neutralisieren sich gegenseitig. Die Dispositive, mit anderen Worten, spiegeln auch die Macht- und Wissensverhältnisse wider, die sie miteinander verknüpfen.

Eine »Herrschaft« der Dispositive, wie sie eine kritische Haltung nun fürchten kann, ist demnach abhängig von der Verteilung von Macht und Wissen in der Gesellschaft, so wie aber zugleich jedes Dispositiv Macht, Wissen und ihre Verschränkung verändert.

Was ist es, was sich verändert? Durch die Dispositive und vermittels ihrer? Es sind die Funktion des Staates gegenüber »seiner« Gesellschaft, die Realisierungsmöglichkeiten von Macht, die Techniken des Regierens und nicht zuletzt die Darstellungs-, die Repräsentationsformen von Herrschaft. Warum müssen sie sich ändern? Man kann dies aus den Krisen der nationalen Demokratien ebenso erklären wie aus den Transformationskrisen des westlichen Kapitalismus zum globalen, digitalen Neoliberalismus. Ebenso könnte man sagen, dass die Kapitalisierung der Politik eine neue Verschränkung von Macht- und Wissensverhältnissen

II. IDENTITÄTEN

benötigt. All dies würde sich decken mit Agambens zweitem Punkt, nämlich der »konkreten strategischen Funktion« des Dispositivs.

Aber gerade mit dieser Funktion erlegen wir dem Dispositiv vielleicht eine Begrenzung auf, die es gar nicht hat, nämlich indem wir ihm immerhin überwiegend einen rationalen Einsatz durch ein traditionelles Subjekt von Macht und Wissen zuschreiben. Wie aber, wenn sich beides selbst im Zustand einer dispositiven Auflösung befände? Wenn sich, zum Beispiel, das Dispositiv nicht im Sinne von »Kapitalisten«, nicht einmal im Sinne des Kapitals, sondern im Sinne einer Kapitalisierung entfaltete, und wie, wenn es nicht allein mehr oder weniger neues Instrument des Regierungshandelns würde (bis zu den Techniken des »Nudging« als staatlicher Form der Verhaltens-Werbekampagnen), sondern Regierungshandeln in gewissem Sinne auch *ersetzte*? Denn, wohlgemerkt: Die Rede ist am Ende nicht von der Herrschaft *durch* Dispositive, sondern von der Herrschaft *der* Dispositive.

Was an Macht und Wissen im Dispositiv zusammenkommt, hat kein zentrales Steuerungs- und kein (demokratisches) Kontrollorgan. Der neoliberale Protagonist würde wohl auch hier sagen: Das regelt der Markt (wissend oder nicht, dass dieser Markt Schimäre, Narrativ, »religiöses« Gespenst ist). Tatsächlich immerhin ist das Dispositiv durch das bestimmt, was an Macht und Wissen investiert wird. Wenn wir nun davon ausgehen, dass Macht und Wissen selber kapitalisiert sind, also Profit erwirtschaften, indem sie auf der einen Seite Reichtum und auf der anderen Seite Armut erzeugen, indem sie immer weiter Kapital auf- und Arbeit abwerten, dann können wir wohl annehmen, dass »Herrschaft der Dispositive« nichts anderes bedeutet als Herrschaft der Kapitalisierung.

Das Dispositiv, das wir in unserem Zusammenhang hergeleitet haben als Fortsetzung, Erweiterung und Ersetzung von Regierungshandeln und Markteroberung und das wir in Widerspruch gesetzt haben zum Diskurs (dem Aushandeln und Abwägen, der »Meinungsbildung« etc.), hat aber auch einen technischen und einen juristischen Aspekt. So beschreibt der Duden »dispositives Recht« als »gesetzliche Regelungen, von denen im Einzelfall durch Vertrag (in den Grenzen, die durch die guten Sitten gezogen sind) abgewichen werden kann. So können z.B. die Parteien eines privaten Kaufvertrages abweichend von den gesetzlichen Gewährleistungsrechten in §437 BGB einen Haftungsausschluss für Mängel der Kaufsache vereinbaren. Andererseits können die Rechte eines Käufers aber auch gegenüber den BGB-Regelungen verstärkt werden, z.B. durch eine Verlängerung der Verjährungsfrist oder durch Einräumung einer Garantie. Gegensatz: zwingendes Recht (lateinisch Ius cogens).«[10]

Dispositives Recht, mit anderen Worten, ist eines, dessen Regeln den Parteien, vor allem denjenigen mit der entsprechenden Macht, zur Disposition stehen, das Freiräume und Ambivalenzen, gegenseitige Abhängigkeit und Vertrauen oder auch Misstrauen erzeugt. Man könnte wohl auch sagen, dispositives Recht sei eines, das nach Maßgaben von Macht, Wissen und ihrer Ver-

II. IDENTITÄTEN

schränkung dehnbar oder nutzbar sei. Noch einmal drastischer gesagt: Dispositives Recht ist das Recht der Macht, gegen die das »zwingende Recht« (eben jenes, das für alle gleich gelten soll) schützen müsste. Dispositives Recht hebt also den »Zwang« mitnichten auf, sondern verlagert ihn vielmehr außerhalb des Gesetzes, weshalb es uns auch kaum weiter verwundern kann, dass dieses dispositive Recht vor allem im Wirtschaftsrecht zur Anwendung kommt.

In einer Maschine ist das Dispositiv jene Anordnung der Elemente, die eine Steuerung und ihre Kontrolle ermöglichen. Die Anzahl der Dispositive also gibt Auskunft über die Steuerbarkeit und damit über die Produktivität und die »Kreativität«, welche in und an einer Maschine möglich sind. Auch hier haben wir es letztlich wieder mit einer strategischen Verwirklichung von Macht und Wissen in einem Bewegungsablauf zu tun. Die Anzahl der Dispositive sagt etwas aus über die Anpassungsfähigkeit eines Ablaufs an sich verändernde Bedingungen, und so ist klar, dass eine Maschine umso »intelligenter« gehandhabt werden kann, je höher die Anzahl der Dispositive ist. Ein An/Aus-Schalter mag »totale« Macht über eine Maschine geben, aber erst durch eine Vielzahl von Dispositiven ist sie in der Lage, sinnvoll, sicher und nutzbringend zu arbeiten. (Wenn wir drei Vorstellungen des Dispositivs, die soziale, die juristische und die technische, zusammendenken, dann werfen wir einen Blick in eine digitale, durchkapitalisierte und von »intelligenten« Maschinen beherrschte Zukunft.)

Und wenn man schon bei der »Strategie« ist, dann darf auch die militärische Bedeutung des »Dispositivs« nicht fehlen. Dort nämlich beschreibt der Begriff den Status der Soldaten, die einer Armee zur Verfügung stehen, oder schlicht die »Kampfbereitschaft« in technischer (wie auch »moralischer«) Hinsicht. In offiziellen Statements wird angesichts einer äußeren Gefahr stets vom »glaubwürdigen militärischen Dispositiv« gesprochen; man könnte es mithin wohl auch als realisierbares Drohpotenzial begreifen.

Der soziologische Begriff des Dispositivs ist also nur auf den ersten Blick tiefgreifend vom juristischen, militärischen und technischen Begriff unterschieden. Die »strategische Absicht«, die »Verschränkung von Macht und Wissen« sowie eine »heterogene Gesamtheit« sind indes in allen vier Bereichen gleich. Nur die Grammatik wird im gesellschaftlichen, politischen und ökonomischen Bereich ungleich komplizierter, weil man es, im Gegensatz zu den anderen Bereichen, nicht so sehr mit zuvor entmachteten und an sich widerstandsunfähigen Objekten und klar definierten Subjekten der Macht und des Wissens zu tun hat, sondern mit polymorphen und dynamischen Elementen. Das Dispositiv kann nicht einfach Elemente benutzen und organisieren (so gern es dies auch täte); Dispositiv trifft auf Dispositiv.

Was also ist denn nun ein Dispositiv, und wie zum Teufel konnte es zur »Herrschaft« gelangen? Bei Foucault finden wir etliche Beispiele für Dispositive: das soziale Geschlecht, die Kontrolle des Wahnsinns, die École

II. IDENTITÄTEN

militaire als architektonisches Dispositiv ... Heißt das etwa, alles, was an Schnittstellen von Macht und Wissen in einer Gesellschaft aktiv ist, kann »Dispositiv« werden – so wie alles, was in ihr gedacht, geträumt, gesprochen und erzählt wird, zum Mythos werden kann?

Tatsächlich erscheint der Zusammenhang von Mythos und Dispositiv, den, wie es scheint, bislang niemand in Augenschein nehmen wollte, von zentraler Bedeutung. Recht einsichtig wird das, wenn wir erst einmal wieder zu unserem Beispiel der Werbekampagne zurückkehren: So wie es die soziale Absicht einer Werbekampagne ist, etwas zu verkaufen (und sei es einen Kandidaten in einem Wahlkampf), so ist die semantische Absicht die Kreation eines Mythos. Der Mythos, der sich im Sinne von Roland Barthes über einem unauflöslichen Widerspruch (des Wissens oder/und der Macht) bildet und auf die Frage »Warum ist das so?« die Antwort gibt: »Weil es immer so war, und weil es immer so sein wird«, ist zugleich Transportmittel und Inhalt der Macht. Barthes selbst hat in *Mythen des Alltags* einige Werbekampagnen als Produktion von Mythen beschrieben, aber auch »Dinge« wie den Citroën DS (gesprochen Dé-esse, also »Göttin«).[11]

Wenn also die »Positivität« und im Anschluss daran das Dispositiv den Menschen dazu zwingt, eine direkt oder indirekt gewalttätige Bewegung in Geschichte und Gesellschaft auszuführen (geleitet von einer Verbindung von Macht und Wissen), dann vollzieht der Mythos als legitimierende Begleitung genau den entgegengesetzten Vorgang, nämlich die Projektion ins Über-Geschichtliche und Über-Gesellschaftliche. Beides trifft sich nur in eben jenem Zwang, der sich als solcher nicht erkennt. Beides entsteht aber auch aus demselben Grund, nämlich der Reaktion auf unauflösbare Widersprüche in der gesellschaftlichen Praxis und in der kulturellen Deutung oder, anders gesagt: Der Mythos wie das Dispositiv entstehen aus unauflösbaren Widersprüchen von Macht und Wissen (ineinander und untereinander).

Aber sowohl Dispositiv als auch Mythos sind eigentlich nur Vorformen, Potenziale einer weiteren Lösung der Widersprüche. Diese »eigentliche« Lösung können wir *oikonomia* nennen, eine (neue) Ordnung des Hauses, wie wir sie von Aristoteles kennen. Diese *oikonomia* ist nicht die Ökonomie späterer Zeiten mit ihren Märkten und Lohn-Preis-Profit-Relationen, sondern eine durchdachte Zuordnung aller Objekte und Arbeitsabläufe zum Zwecke einer systemischen Perfektion. (Kein Wunder also, dass für die alten Griechen eine solche *oikonomia* immer auch etwas mit Schönheit zu tun hatte.) *Oikonomia* ist mithin immer eine äußere Ordnung, die einer inneren entspricht. Giorgio Agamben setzt die Einführung der »göttlichen« *oikonomia* in die christliche Theologie mit der Entstehung eines unlösbaren Widerspruchs auf gleiche Höhe, nämlich mit dem Konzept der Dreieinigkeit Gottes (das im Übrigen seinerseits notwendig wurde, um auf die Mensch/Gott-Widersprüche in der Christus-Figur zu reagieren – beide mithin, Dreieinigkeit und göttliche *oikonomia*, notwendige Bestandteile eines monotheistischen Dispositivs, das dringlich von der natürlichen zur

II. IDENTITÄTEN

positiven Religion gewandelt werden musste). Um den Rückfall in die Mehrgötterei zu verhindern, dem sich starke Fraktionen entgegenstellten, musste zwischen den drei disparaten Erscheinungsformen, Vater, Sohn und Heiliger Geist, eine unauflösbare Bindung hergestellt werden. Sie sollte nach dem Willen ihrer Vertreter in eben der *oikonomia*, der Ordnung des göttlichen Hauses (als geschlossenes System) bestehen. Man versuchte, derb gesprochen, in einem paranoid gewordenen Himmel die Ordnung wiederherzustellen, indem man alles drei einsetzte: das Dispositiv (das Christentum musste sich ausbreiten, um glaubhaft zu bleiben), den Mythos (das ins Bild gebannte Gleichzeitige von Drei-Sein und Eins-Sein, unter anderem durch die ikonografische Zusammenführung verschiedener Abbildungscodes: Zeichen – Heiliger Geist, Symbol – Gottvater, Realität – der Mensch gewordene Gottessohn) und *oikonomia* (das Ordnung schaffende Arrangement). Das Dispositiv wurde zur strengen Kirche (einschließlich eines Kriegs- und Tötungsapparats), der Mythos zum Dogma, und die *oikonomia* wurde zur Ökonomie, in der sich nach und nach Schuld durch Schulden und Erlösung durch Zinsen ausdrücken ließ.

Es bleibt zu erwähnen, dass diese Transformation zwar eine ungeheure historische und kulturelle (und natürlich nicht zuletzt ökonomische) Dynamik entfaltete, letzten Endes aber nie wirklich »funktioniert« hat. Einerseits handelte man sich auf jeder der drei Ebenen mit temporären Lösungen auch wieder neue Probleme ein. Im Dogma spukte das neue unauflösbare Widerspruchspaar vom Sein und Handeln Gottes, aber damit auf fatale Weise auch des Menschen: Die Kirche musste sich, wo sie sich nicht erneuern konnte, spalten. Und die *oikonomia* wurde als Ökonomie nicht bloß Abbild, sondern auch Widerpart des Christentums. Schon die Kirche scheiterte, woran Jahrhunderte später die Demokratie scheitern sollte, nämlich an einer Bändigung oder Bindung der Ökonomie im Stadium des Kapitalismus. (Wobei wir in beiden Fällen beim Scheitern auch eine Portion der Komplizenschaft mitdenken.)

Denken wir uns also nun, die von Foucault und Agamben beschrittenen Pfade verlassend, eine andere Form der Dreieinigkeit, die von Dispositiv, Mythos und Ökonomie. Denken wir uns weiter, alle Elemente, alle Ideen, Maschinen, Interessen, Mächte, Bilder, Dienstleistungen und Waren, alle Gebäude, Kleidungen und Kunstgegenstände seien nicht durch Vernunft, nicht durch Natur oder Kultur, sondern durch das Zusammenwirken eben dieser dreieinigen Techniken von Macht und Wissen bestimmt. Was ist den dreien, außer dass sie alle aufgrund unlösbarer Widersprüche entstanden sind, außer dass sie immer wieder neue Verbindungen von Macht und Wissen erzeugen, außer dass sie historische, kulturelle und ökonomische Dynamik erzwingen, noch gemein? Man könnte es das Prinzip der Ausschließung nennen. Was Dispositiv, Mythos und Ökonomie erzeugen, duldet keinen Widerspruch und keine Alternative. Obwohl alle drei nicht durch das Dekret, nicht durch den einen Spruch des einen Herrschers, nicht durch die eine Erkenntnis

II. IDENTITÄTEN

und nicht einmal den einen Glauben entstanden sind, sondern sich, unter Berufung auf die heteronome Entstehung, als »natürlich« ausgeben konnten, als Gewordenes und Gewachsenes, erzeugen sie den einen Weg, erzeugen sie die eine Zukunft, hier als »Vorsehung«, dort als »Fortschritt«, und da eben als »Natur«, immer als einen Zwang zur Positivität. So erkranken schließlich Mensch und Kultur an der Gleichzeitigkeit des Zwangs zum »Fortschritt« und seiner Unmöglichkeit, was die Ökonomie und die Gesellschaft, die Technik und die Sprache ebenso umfasst wie das Wissen. Dispositive Herrschaft ist die Antwort auf diesen Widerspruch, positiv sein zu müssen und es nicht zu können. Denn anders als der Diskurs hat das Dispositiv keine klare Richtung; im Dispositiv ist nicht zu erkennen, ob und wie es vorwärts oder zurück geht – es ist nur das Empfinden der Positivität, nicht etwa deren Beleg. Wenn der Mythos im Jenseits der Geschichte zu finden ist, dann ist das Dispositiv, in seinem fundamentalen Diesseits, pure Gegenwart, dem »nackten Menschen« eher zugeneigt als dem *bios*.

Dispositiv, Mythos und Ökonomie sind nicht voneinander getrennte Elemente eines Systems, sondern *in*einander eingeschrieben, *aus*einander entwickelt, *mit*einander verbunden. Tatsächlich wurde ja die göttliche *oikonomia*, wie Agamben betont, als »dispositio« ins Kirchenlatein übersetzt, Stamm des Begriffs »Dispositiv«.

»Der Terminus Dispositiv bezeichnet also etwas, in dem und durch das ein reines Regierungshandeln ohne jegliche Begründung im Sein realisiert wird. Deshalb schließen die Dispositive immer einen Subjektivierungsprozess ein, da sie ihr Subjekt selbst hervorbringen müssen« (Agamben).[12] Auf einer eher pragmatischen Ebene kann das, als Beispiel, bedeuten, dass das Dispositiv nicht zur Lösung eines Problems, sondern zur Bearbeitung eines Widerspruchs benutzt wird. Nehmen wir den Widerspruch zwischen Freiheit und Gerechtigkeit in einer demokratischen und kapitalistischen Gesellschaft, vielleicht sogar den Widerspruch zwischen Demokratie und Kapitalismus selbst. Da sich weder der eine noch der andere Widerspruch politisch und diskursiv auflösen lässt, »helfen« nur die drei beschriebenen Elemente, die Verwandlung des Diskurses in das Dispotiv (was einerseits bedeutet: weniger »sichtbares« Regierungshandeln, andererseits aber auch »unbedingteres«, der Legitimierung und sogar Legalisierung entzogenes Regierungshandeln), den Mythos (das ideale Subjekt löst den Widerspruch, und mehr noch kann dies die »Marke« als Mythos, so als wäre die einzig mögliche Antwort auf den Widerspruch zwischen Freiheit und Gerechtigkeit ein Automobil der Marke Volkswagen) und die Ökonomisierung: Auf einem Markt, auf dem sowohl Freiheit als auch Gerechtigkeit eine »Ware« sein können bzw. eine Ressource, werden die beiden, sagen wir in Form von Bewegungs- und Reglementierungsfreiheit (die »negative Freiheit« des Neoliberalismus) und in Form einer ökonomischen Akkumulation (der Ausgleich von Wettbewerbsnachteilen) miteinander tauschbar. Unnütz zu sagen: Dis-

II. IDENTITÄTEN

positiv (den Widerspruch zwischen Freiheit und Gerechtigkeit ertragen, ohne zu revoltieren), Mythos (den Widerspruch zwischen Freiheit und Gerechtigkeit in einem Bild von trans-realer Bedeutung auflösen) und Ökonomisierung (den Widerspruch zwischen Freiheit und Gerechtigkeit als Tauschvorgang im System von Lohn, Preis und Profit fassen) bleiben untereinander widersprüchlich und »funktionieren«, insofern sie gleichzeitig wirken, aber nichts voneinander wissen. Zwischen ihnen vermittelt indes eine neue Form der *oikonomia*, die wir, weit gefasst und zunächst wenig präzis, »die Medien« nennen. Damit unterstellen wir einer weiteren »heterogenen Gesamtheit«, dass sie – während es auf der Ebene der Diskurse nach wie vor und mehr denn je um die Anrichtung eines »Scherbenhaufens« geht (wie Hans Magnus Enzensberger[13] einst in Bezug auf das damalige Medium der »Wochenschau« im Kino urteilte) – auf der Ebene von Dispositiven, Mythen und Ökonomisierungen (einschließlich der aktuellen Kapitalisierungen) Ordnung(en) schafft. Eine semantische *oikonomia* in der neuen Dreieinigkeit der Macht, eine *oikonomia*, das heißt »eine Gesamtheit von Praxen, Kenntnissen, Maßnahmen und Institutionen, deren Ziel es ist, das Verhalten, die Gesten und die Gedanken der Menschen zu verwalten, zu registrieren, zu kontrollieren und in eine vorgeblich nützliche Richtung zu lenken« (Agamben).[14]

Dispositiv, Ökonomisierung und Mythos stehen in einer Geschichte; was gleich bleibt, ist vor allem der Umstand ihrer Heterogenität und gewisse Techniken der Bearbeitung. Alles kann Mythos werden, sagt Roland Barthes, aber nicht alles wird Mythos; doch alles, was Mythos wird, wird es aus ähnlichen Gründen (die unauflösbaren Widersprüche) und zu ähnlichen Zwecken (eine Akzeptanz, die der Macht dient und unter anderem der Unterwerfung des Wissens nutzt). Alles kann ökonomisiert werden und alles kann kapitalisiert werden, und doch ist es für Ökonomie und Kapital stets notwendig, ein »Außen« zu haben, etwas, das sich für eine äußere oder eine innere Landnahme eignet. Daher wird wohlweislich nicht alles ökonomisiert, oder es werden neue Objekte und Areale (wie die Kunst, wie das »Dispositiv der Kreativität«) erzeugt, die sich wiederum ökonomisieren lassen. Und schließlich kann alles Dispositiv werden, doch selbst in einer Herrschaft der Dispositive wird nicht alles Dispositiv sein, da die »alten Formen« der Ordnung – der Glaube, die Repräsentation der Herrschaft oder die Legitimierung und Rationalisierung von Macht in der Demokratie –, nicht einfach verschwinden (es sei denn, man befände sich in dystopischer Science-Fiction). So werden wir »Neoliberalismus« beschreiben können als einen Wandel von Dispositiv, Mythos und Ökonomisierung.

Damit wird, nebenbei, vielleicht auch klar, warum wir uns so schwer damit tun, den Neoliberalismus als »Diskurswechsel« oder sogar als »Systemwechsel« politischer und ökonomischer Regierung zu beschreiben, obwohl beinahe jeder, Opfer wie Nutznießer, ahnt, dass es genau darauf hinausläuft. Nämlich auf die Umwandlung des Konsum-Kapitalismus in einen oligopolisti-

II. IDENTITÄTEN

schen Finanzkapitalismus und dann die Umwandlung der Demokratie zunächst zum Zwischenstadium der Postdemokratie und dann in neue Regierungsformen, die partialfaschistische ebenso wie neopaternalistische, medienpopulistische, technokratische, terroristische und sogar anarchistische Elemente aufsaugen wird. Wir sehen augenblicklich, einigermaßen ohnmächtig, der Erzeugung von Dispositiven, Mythen und Ökonomisierungen zu, die diesen Übergang geschmeidig vermitteln und beschleunigen. Um ihren Zweck zu verstehen, ist es hilfreich, die unlösbaren Widersprüche der »alten« Systeme, Demokratie und Kapitalismus, zu analysieren und auf der anderen Seite die Interessen der neuen, sich gleichsam rasend akkumulierenden und transformierenden Mächte zu betrachten. Umwandlungen sind a) notwendig und werden b) nicht nur im Interesse, sondern auch mit den Mitteln der neuen ökonomisch-politischen Herrschaft durchgeführt. Beides ist durchaus Gegenstand von Kritik, Dissens und mehr oder weniger wissenschaftlicher Behandlung. (Das Wissen rebelliert auch, was dies anbelangt, doch immer wieder gegen seine Unterwerfung.) Doch ein großer Teil der Bevölkerung ist offenbar bereit, diese Umwandlung mitzutragen, und es handelt sich dabei nicht einfach nur um eine verblödete, verrohte und manipulierte Masse, die sich zur »Tyrannei der Mehrheit« aufgefordert fühlt. Möglicherweise kann man einen »klammheimlichen« Diskurs ausmachen, in dem man sich, ohne es explizit zu formulieren, darüber einigt, dass der Tausch »weniger Demokratie für mehr Sicherheit« ebenso in

Ordnung geht wie weniger Demokratie für mehr ökonomische Effizienz. Mindestens ebenso wahrscheinlich aber ist es, das Wirken von Dispositiven, Mythen und Ökonomisierungen am Werk zu sehen, was in der Tat Kritik und Aufklärung vor neue Aufgaben stellte, denn dann wäre eine rationale Widerlegung des Nutzens der beiden Gleichungen des Demokratie-Abbaus kaum erfolgreich.

5.

Es ist eine These, die man in Betracht ziehen oder ablehnen kann; in unserem Gedankengang zu Europa, dem neuen Nationalismus (in Deutschland zum Beispiel) und der »Flüchtlingsfrage« spielt sie jedenfalls eine nicht unerhebliche Rolle: Beinahe ebenso wichtig für die Einstellungen, die Verhaltensweisen, die Weltbilder und die »Entscheidungen« der Menschen wie das materielle Wohlerergehen, die ökonomischen, sexuellen und kulturellen Interessen, ist das Leben in »symbolischen Ordnungen«. Und gleich auf den Verlust von materiellen Gütern und »Aussichten« folgt, was die Regierungsfähigkeit oder auch den Kontrollverlust des Souveräns anbelangt, die Bedrohung einer solchen symbolischen Ordnung. Das eine begrenzt, bedingt und ergänzt das andere. Und das bedeutet weit mehr, als dass das eine der Ersatz für das andere sein könnte (der Reiche also auf eine symbolische Ordnung pfeifen könnte, während der Arme sie zum »Opium« seines Daseins küte, der in der Mitte aber ein Leben lang um eine Balance von beidem ringen würde).

II. IDENTITÄTEN

Als solche symbolische Ordnungen dürfen keineswegs nur die offiziellen, kanonisierten, gar vertexteten Systeme begriffen werden, wie etwa »Ideologien«, »Religionen« oder »Grundwerte«, im Gegenteil, es sind erst die dispositiven Ableitungen, die zweifellos flexiblen, aber keineswegs beliebigen Verknüpfungen von Symbolen und Handlungen in Geschichte und Alltag, welche solchen symbolischen Ordnungen zu solcher Macht in der Gesellschaft wie über das einzelne Subjekt verhelfen. Man macht sich Bilder, man lebt in Erzählungen, man hat diesen oder jenen Geschmack, man ist dieses gewöhnt und erwartet jenes. Ohne symbolische Ordnung wäre die Freiheit unerträglich. Aber auch das Fehlen von Freiheit.

Die Positivität *unserer* Welterzählung beginnt mit einem einfachen Narrativ: Wohlstand, Nation und Demokratie haben in Europa eine »bessere Welt« geschaffen, die sich selbst nie befragen durfte; alle Versuche, das eine ohne die anderen zu erzeugen, führten entweder ins Chaos oder zu Diktatur und Terror. Das Gleiche wiederholt sich im Subjekt der europäischen Nachkriegspolitik. Jeder Einzelne versuchte, eine solche Balance zu erreichen, in der es zweifellos unendlich viele Akzentverhältnisse, aber nie eine vollständige Trennung gab außer um den Preis einer radikalen Isolierung: Ökonomie als positive Erzählung (es wird immer besser), nationale Identität (als Form von »Stolz«, gewiss, aber selbst die »Auseinandersetzung mit der Vergangenheit« hat einen Aspekt des Identitären) und demokratische Überzeugung (was vor allem anderen meint: die Überzeugung, in einer Demokratie zu leben, und auch dies als positive, sich selbst verbessernde Entwicklung zu betrachten).[15]

Nehmen wir nun also an, diese »Dreieinigkeit« als individuelle wie als kollektive Grundlage für das Funktionieren der kapitalistischen Demokratien in Europa sei in den südlichen Ländern mehr oder weniger gewaltsam zerbrochen (kein Grieche, und sei er oder sie noch so guten Willens, wird sie wiederherstellen können, nach dem, was Europa und Deutschland mit ihm oder ihr gemacht haben), in den mitteleuropäischen Ländern einem drastischen Erosionsprozess unterzogen und in einigen osteuropäischen Ländern erst gar nicht zustande gekommen. Dann freilich müssen »Flüchtlingsströme« bewirken, dass sich die Spaltung beschleunigt: eine demokratische, anti-nationalistische Zivilgesellschaft, die sie willkommen heißen und aufnehmen will (und Integration als Freundschaft, nicht als Unterwerfung sieht), eine anti-demokratische, nationalistische »Volksbewegung«, die sich innerhalb weniger Monate in einen Pogromrausch und radikal enthumanisierte Hasspredigten steigerte, und eine weder demokratisch noch national, sondern ausschließlich profitorientierte Ökonomie, die den Flüchtling auf seine »Verwertbarkeit« hin »selektiert«.

Der Zustand, in dem sich die europäischen »nationalen Demokratien« unter der Dominanz des Finanzkapitals und in der Verhinderung des Projekts europäische Demokratie befinden, lässt in der Tat eine fast schon geometrische Dreiteilung der Gesellschaft erkennen:

II. IDENTITÄTEN

Erstens der Wohlstand für eine Gewinner-»Elite« und ihre Entourage, die in der Erzählung von Wachstum und Fortschritt bleibt, wider besseres Wissen zum Teil, in einer apokalyptischen Gier des Davonkommens (des Mit-allem-Davonkommens, um genau zu sein); zweitens die extreme Nationalisierung inklusive einer eingebauten Faschisierung des Mittelstands, der »Verlierer« und der »Identitätskranken«; und drittens die Demokratie, die von einer Gruppe von Menschen verteidigt wird, die sich auf verlorenem Posten wähnen müssen, nicht zuletzt deswegen, weil ihnen weder von den »demokratischen Parteien« noch von einem hinreichenden Teil der Medien und des Kulturbetriebs Unterstützung zuteilwird. Und weder »Regieren« noch »Kultur« kann zwischen diesen immer weiter auseinander driftenden Teilen einer Gesellschaft (auf die beinharte Neoliberalisten ohnehin pfeifen: Was brauchen wir Gesellschaft, wenn wir Markt haben) kritisch vermitteln.

Wir sehen Gesellschaften zu, die nicht nur auseinanderbrechen, sondern die es mit einer gewissen Lust tun, und die Flüchtlinge sind nicht die Ursache dieses Auseinanderbrechens, sondern im Gegenteil ihr Widerpart. Eine positive Reaktion auf die Flüchtlinge und die mit ihnen einhergehende Wandlung der Gesellschaft (zu einer weniger multikulturellen als vielmehr »kreolisierten«) würde diesen Prozess des Auseinanderbrechens nämlich möglicherweise sogar verhindern. Aber dafür gibt es, und hier sind wir wieder beim Zusammenhang von ökonomischen Mechaniken und symbolischen Ordnungen, zu wenig Interesse.

6.

Nun können wir uns an ein Beispiel wagen: das deutsche Dispositiv.

Dreimal haben wir in jüngster Zeit das Gefühl haben können, dass mit dem Mainstream der öffentlichen Meinung irgendetwas nicht so recht stimmt, jedenfalls wenn man es nach den alten Werten von Demokratie, Aufklärung und Humanismus bemisst.

Das war die Ukraine-Krise, in der sich ein unangenehm »scharfmacherischer« Ton entfalten durfte, so als verlange das Volk von seiner Regierung noch mehr kriegerische Bereitschaft, als sie ohnehin zu erkennen gab. Das war die griechische Finanzkrise, bei der jeder sich der Zustimmung sicher sein konnte, der bekundete, »hart bleiben« zu wollen und »die Griechen« für ihre »Faulheit«, ihre »Trickserei«, ihre »pubertäre Revoluzzertruppe« bestrafen zu wollen. Und das sind die »Flüchtlingsströme«, in denen offensichtlich kaum jemand je etwas anderes sehen wollte als ein »Problem« für »uns«.

Was der Restkritik da auffiel, war ja nicht nur eine bemerkenswerte Übereinstimmung bis in Wortwahl und Metaphern hinein, ein Mainstreaming, das alle Medien von einer gewissen Breitenwirkung zu erfassen schien, und nicht nur diese Rhetorik von Unduldsamkeit und fundamentaler Vereinfachung. Der Sprachwandel schien vielmehr auf ein nationales, kein demokratisches Verhältnis zwischen Öffentlichkeit und Regierung hinzudeuten. Auf Kritik reagierte man nicht mehr allein mit Gegenkritik oder Rechtfertigung, sondern mit

II. IDENTITÄTEN

Kränkung und Ausschluss: Wer in Bezug auf die Ukraine nicht auf Linie war, wurde als »Putinversteher« verhöhnt und indirekt gleich »nach drüben« geschickt. Was die Flüchtlinge anbelangt, dominiert die »Das Boot ist voll«-Rhetorik, wer meint nicht alles, »Verständnis« für die »besorgten Bürger« und ihre medialen Schaumschläger zeigen zu müssen. Der demokratische Meinungsaustausch ist weitgehend suspendiert. Vielleicht kann man es mit einem einfachen Wort sagen: Die deutsche Mainstream-Presse hat, anhand von drei *hot spots*, den inneren Ausnahmezustand ausgerufen. Der Lohn dafür besteht darin, nicht mehr Kritiker, sondern Teil des neuen Souveräns zu sein.

Natürlich verwundert es nicht, dass das Medium der deutschen Niedertracht, die *Bild*-Zeitung, in allen diesen Fällen die Rolle des »Einpeitschers« spielte. Schon mehr verwundert es die Reste der kritischen Intelligenz hierzulande, wie sich da ein weder durch Tatsachen noch durch Werte gedeckter Shitstorm bis in die publizistische und diskursive Mitte hinein verbreitete. Man darf wieder hassen, verachten, denunzieren, und das, so scheint's, fühlt sich gut an – und verkauft sich gut. Immer musste es dem kritischen Blick erscheinen, dass es in den Sprachwolken zu diesen drei Motiven noch um etwas anderes ging als etwa die Lösung von Problemen oder das Erzeugen von Meinungen dazu. Wir können in diesen Diskurs- und dann mehr noch Dispositiv-Wolken drei generelle Impulse ausmachen: die Nationalisierung, die Militarisierung und die Dehumanisierung.[16]

Die erwähnten Reste der kritischen Intelligenz spürten in diesen drei Sprach- und Bilderwolken über Merkel-Deutschland vor allem den jämmerlichen Zustand der deutschen Presse auf. Hier wird eben geschrieben und gesendet, was der unaufhaltsam nach rechts driftende deutsche Mainstream haben will. Aber wie es so geht mit solchen Phänomenen: Es steckt vielleicht mehr dahinter als ein bloßer Geschmacks- und Diskurswechsel in der Sprache der Politik. Es ändert sich nicht nur die öffentliche Meinung in Deutschland, es ändert sich vielmehr die Art, wie sie entsteht, und die Art, wie sie in offizieller Politik genutzt wird.

Die These dazu: Aus der Herrschaft der Diskurse in der Demokratie wird in überraschender Eile die Herrschaft der Dispositive in der Postdemokratie, und diese Dispositive überwuchern Argument und Kritik, sie erzeugen Stimmungen, Bilder und Gefühle. So wie in der kollektiven Trauer um einen Prominenten etwa ein »Container« für die individuell und mikrosoziologisch obsoleten Empfindungen geschaffen wird, so wird in den Narrativen der Gefahren und »Probleme« ein »Container« für »nationale Identität« geschaffen. Zwei komplementäre, mehr oder weniger unwiderstehliche »Wir-Gefühle«, die aus der Negation heraus entstehen. Solche Gefühle dulden keinen Widerspruch mehr; wer dagegen spricht, ist nicht mehr einer, der eine »falsche Meinung« hat, sondern einer, der als geschmacklos, gefühllos, obszön und blasphemisch gelten darf. Man könnte dieses Dispositiv in einem nur scheinbar harmlosen Slogan zusammenfassen, den

II. IDENTITÄTEN

nicht nur ein rechtsextremer Verein in Pforzheim für sich beansprucht: »Ein Herz für Deutschland«. Das Dispositiv zu solchem Deutschsein mag indirekt und »soft« erzeugt werden, zugleich aber transferiert es eine Aussage vom Diskurs zum Mythos, oder von der Meinung zu einem Glauben.

»Was ist ein Dispositiv?« Giorgio Agamben hat in seinem kleinen, aber wichtigen gleichnamigen Essay nicht nur die Frage beantwortet, die uns seit Foucaults noch ein wenig offener Verwendung des Begriffs umtreibt. Er beschreibt auch ein Einschreiben der Dispositive in das Regierungshandeln. Die Dispositive »wuchern«, so Agamben; im Leben des Einzelnen wie der Gesellschaft gibt es keinen Moment, in dem sie nicht wirken. Dispositive verdrängen nach und nach alle anderen Formen von Kommunikation und Wahrnehmung, vor allem die von Demokratie, Aufklärung und Humanismus geprägten, die Theorien, die Debatten, die Kritik, am Ende, wer weiß, das Denken selbst.

Eine Presse, die diskursiv arbeitet, erzeugt möglicherweise »Meinungen«, eine Presse, die dispositiv arbeitet, erzeugt hingegen »Gemeinschaft«. Eine marktkonforme Presse erzeugt das, was nachgefragt wird. Die dispositive deutsche Presse erzeugt imaginäre Gemeinschaft. Immer muss da im Zentrum ein Opfer stehen. Die dispositive Presse erzeugt Opfer.

Wenn man sagt, eine postdemokratische Regierung »nutze« die Dispositive, so beschreibt man zugleich ihre Macht (regieren, ohne dass die Regierten merken oder sich erklären können, dass sie regiert werden) und ihre

Ohnmacht (das Dispositiv erfasst die Regierung so sehr wie »das Volk«; keiner von beiden kann zurück oder »zur Vernunft kommen«). An einem entscheidenden Punkt beginnen die Dispositive ihr Eigenleben. Es stimmt, dass postdemokratische Regierungen vermittels Dispositiven regieren, ebenso aber stimmt, dass die Herrschaft der Dispositive sich der postdemokratischen Regierungen bedient. Angela Merkel ist das ideale Zentrum für eine Herrschaft der Dispositive. Die Regierung Merkel surft auf den deutschen Dispositiven. Und wird von ihnen, wenn der berüchtigte Punkt des »Umkippens« kommt, auch überrollt.

Die Dispositive entfalten enorme Macht, aber es gibt kein einzelnes Subjekt der Macht über sie, sondern nur attraktive Vorstellungen, Begriffe und Personen (Bilder). In Dispositiven treffen sich alle Elemente einer Gesellschaft im Neoliberalismus: die Ökonomie, das Design, die Medien, die Wissenschaft, die Justiz, die Politik, die Kultur etc. Im Dispositiv werden jene Kräfte, die sich in einer demokratischen Gesellschaft wechselseitig kritisieren und kontrollieren sollten, zu Komplizen. Aber sie müssen es nicht zugeben. Vielleicht müssen sie es nicht einmal wissen. Die »rechte Mitte« der Gesellschaft kann sich daher durchaus diskursiv vom neofaschistischen und rassistischen »rechten Rand« distanzieren, sie ist »dispositiv« aber mit ihm untrennbar verbunden. Und nicht anders ergeht es den postdemokratischen Regierungen, die sich zugleich um Parteiverbote (wie das der NPD in Deutschland) und »Integration« des rechten Randes bemühen. (Wie

II. IDENTITÄTEN

FEB. 16	DEUTSCHLAND**TREND** Finden Sie die folgenden Maßnahmen in der Flüchtlingspolitik richtig?

Einführung einer Obergrenze	
Ja	63
Nein	33

Einführung von Grenzkontrollen zwischen den EU-Ländern	
Ja	53
Nein	42

infratest dimap

Die Stimmung kippt: ARD-*Deutschlandtrend*, 3.2.2016

so etwas im Einzelnen aussehen kann, wollen wir am Beispiel Bayerns zeigen.)

Weil ein Dispositiv etwas anderes ist als ein Diskurs, kann darin auch niemand belangt werden. Im Dispositiv verwandelt sich, zum Beispiel, das Restmitleid mit afrikanischen Flüchtlingen, die gerade noch mit dem Leben davongekommen sind, in blanken Hass, sobald sie da sind. Es genügen ein paar Zwischenschritte: die üblen »Schlepper« (erste Ersatzobjekte), die Ungerechtigkeit bei der »Verteilung« der Flüchtlinge (zweite Ersatzobjekte), die Vorstellung von »Wirtschaftsflüchtlingen« (als dürfte man vor dem Verhungern nicht fliehen: dritte Ersatzobjekte der Ablehnung, nun schon verschwimmend mit dem »eigentlichen« Objekt), und schon gibt es ein Dispositiv, in dem sich Medienberichte, Regierungshandeln und »Volkes Stimme« (beim Abfackeln von »Asylantenheimen«) »irgendwie« zusammenfinden, nämlich zu einem Dispositiv von Abwehr, Entwürdigung und Verachtung. Von der einen Seite kommt das »Ja, aber ...«, von der anderen das »Nein, aber ...«, und in diesem »aber« ist alles möglich.

Es ist in den letzten Jahren ein neues Dispositiv des Deutschseins entstanden. Es hat nicht nur zum Popnationalismus der schwarz-rot-goldenen Rückspiegelüberzieher und der Rhetorik des Das-wird-man-doch-noch-sagen-Dürfens geführt, nicht bloß zur Fanmeilen-Nationalfeier und der »Die anderen sind doch auch stolz auf ihre Nation«-Trotzigkeit, sondern zu einem prinzipiellen Wandel: Das Dispositiv des Deutschseins hat den Diskurs der Demokratie nahezu vollständig gefressen. Zustimmung wird in diesem Dispositiv nicht durch Demokratischsein, sondern durch Deutschsein erzeugt. Deshalb darf die Springer-Presse ihr unentwegtes und irrationales Griechen-Bashing zugunsten einer Politik der deutschen Regierung betreiben, die ein sehr dezidiertes Ziel hat: ein entdemokratisiertes Europa unter deutscher Hegemonie. Und deswegen kann der eine sagen, die Neuwahlen seien eine Chance dafür, dass Griechenland »zur Vernunft« komme, und der andere, sie seien nur wieder eine neue »Trickserei« von Tsipras. Und deshalb kommen sich Mitleid mit ertrunkenen Kindern und Hass gegen »Wirtschaftsflüchtlinge« gar nicht unbedingt in die Quere.

Der Gegensatz im Diskurs löst sich im Dispositiv auf: Was immer Tsipras tut, im deutschen Dispositiv ist es falsch. Wie immer der Flüchtling sich verhalten wird, im deutschen Dispositiv ist es ein »Problem«.

II. IDENTITÄTEN

Wir ahnen selbst in diesem mühsam noch zivilisierten Beispiel, wie die Herrschaft der Dispositive zu einer eliminatorischen Gewalt werden kann. Das erste Opfer des Dispositivs ist die Vernunft. Das zweite ist die Menschlichkeit.

7.

Die »Flüchtlingskrise« hat das dispositive Dauerthema »Griechenland«, das eben nicht nur die Empathielosigkeit gegenüber der griechischen Bevölkerung legitimierte, sondern auch ein Selbstbildnis als strenge, aber ehrbare (das heißt nicht moralische, sondern »verlässliche«) Kaufmannsnation erzeugte, die sich den hart erworbenen Titel des »Exportweltmeisters« nicht nehmen lässt (wir erinnern uns: die Einheit von Wohlstand, Nation und »Demokratie«, die das Narrativ erzeugte und offensichtlich nicht aufrechterhalten kann ohne die Beschwörung eines militanten Gegenbilds), sehr rasch von den Titelseiten verdrängt. Mit zwei anderen ernsthaften Krisen des deutschen Selbstbildnisses gelang das indes kurzzeitig nicht: Die (irgendwie) nationale Firma Volkswagen war des offenen, gezielten und kriminellen Betrugs hinsichtlich der Abgaswerte ihrer Automobile überführt worden, und der Deutsche Fußballbund entpuppte sich als mafiöser Verein, in dem Bestechungs-Millionen hin und her geschoben wurden. Ein »Sommermärchen«, das einst zu einer wohlgefälligen und gut gelaunten Welle der Pop-Nationalisierung gedient hatte, wurde als »gekauft« enttarnt. Kurzum: Inmitten der Krise der »Flüchtlingsströme« (teilverborgen und dennoch schmerzhaft) brachen Teile des »positiven« nationalen Narrativs weg. Und dazu gehörte auch, dass zum zweiten Mal in der Geschichte des »wiedervereinigten« Deutschlands die schlimmsten Bilder der xenophoben Gewalt aus jenem Osten kamen, in dem doch die »Demokratie«, die »Nation« und auch der »Wohlstand« durch eine »unblutige Revolution« in einem neuen Gründungsmythos noch einmal (das »Neue Testament« der symbolischen Dreieinigkeit) aktiviert worden waren. Ein moderierter, liberaler, demokratischer und offener »Nationalismus«, wie ihn sich etliche Politiker und Publizisten in den neunziger Jahren und noch zu Beginn des neuen Jahrtausends vorgestellt hatten, erwies sich als schlechtes Theater. Das deutsche Dispositiv verlangte den Weg nach rechts, nicht obwohl, sondern gerade weil die nationale Erzählung in der Mitte zerbrach.

Kritischen Beobachtern erschien das alles nun nicht eben arg überraschend, es kam nur, wie man so sagt, alles wieder einmal zusammen: Nichts blieb vom Image der sauberen, freundlichen, friedlich wiedervereinigten Deutschen. Darüber schweben indes schon die nächsten Niederlagen: Die Geheimverhandlungen um TTIP entmündigen nicht nur die Demokraten in der deutschen Gesellschaft, die ohnmächtig zusehen müssen, wie wirtschaftliche Interessen an den Institutionen der repräsentativen Demokratie vorbei durchgesetzt werden, sondern auch die Völkisch-Nationalen, die sich einmal mehr darin bestätigt fühlten, dass die USA (und wer weiß, welche »zionistische Verschwörung« im Hintergrund) die Fäden ziehen will.

II. IDENTITÄTEN

Das Auseinanderbrechen von Wohlstand, Nation und Demokratie wurde jedenfalls durch diese furchtbaren Flecken auf dem Selbstbildnis heftig verschärft. Der Flüchtling kam dann, um in unserem Bild zu bleiben, unter anderem auch wie ein ungebetener Gast im Moment einer vollkommen desolaten Situation des Heims. Da verlangte jemand Aufnahme in einer Familie, die sich gerade in Streit und Ekel auflöste.

8.

Das »Problem« der Flüchtlinge trifft auf einen dispositiven Wechsel in Europa, auf Dispositive des Nationalen, mit denen die Gesellschaften ihren Zerfall in die ursprünglichen Widersprüche angesichts des Scheiterns einer »europäischen Idee« zu bekämpfen versuchen. Das »Verbrechen« der Flüchtlinge ist es, diesen fundamentalen Zerfall der europäischen Gesellschaften und der europäischen Idee sichtbar zu machen. So versteht man freilich auch, dass gegenüber dem mehr oder weniger »europäischen« Flüchtling, der vor Hunger und Verfolgung flieht, wie den Roma, den Homosexuellen, den Dissidenten, vor allem aber einfach jenen, die keine Zukunftshoffnungen für sich und ihre Kinder entwickeln können (und ist »Zukunft haben« nicht ein Menschenrecht?), noch mehr »Härte« gezeigt wird als gegenüber dem Flüchtling aus den nordafrikanischen Kriegs- und Bürgerkriegsländern. Tatsächlich wären diese Flüchtlinge, die zum größten Teil mit einem ungeheuren Potenzial an Produktivität und Kreativität ankommen (davor, nicht vor der sexuellen Gewalt graut den Halbfaschisten in Bezug auf die Wirklichkeit jenseits der symbolischen Ordnungen), ganz einfach die Rettung vor dem weiteren Zerfall von Wohlstand, Nation und Demokratie. (Es gibt ein wundervolles afrikanisches Kunst-Projekt, das zur Rettung Europas aufruft!) Was dazu nötig wäre, das wäre alle drei Begriffe neu zu definieren und in eine neue Beziehung zueinander zu bringen. Aber eine Rettung, die nur funktionieren könnte, wenn die drei symbolischen Ordnungen und ihre hegemoniale Organisation aufgegeben und das liegengebliebene Projekt der Aufklärung und das der europäischen Demokratie wieder aufgenommen würden, kann nicht im Interesse der Identitätskranken und nicht im Interesse derer liegen, die ihre Ökonomie durch Nationalisierung der Diskurse vor dem globalen Auflösungsprozess zu retten vermeinen. So treffen die Flüchtlinge auf eine »Mauer«, die aus Paranoia, Ökonomie und Ideologie gebildet ist, nicht bloß am rechten Rand, sondern, wie man so sagt, aus der Mitte der Gesellschaft. Im Dispositiv der neuen »Deutschheit« beispielsweise.

9.

Der Mythos vom besseren Leben durch Wohlstand, Nation und Demokratie ist nicht mehr zu retten, und das weiß jeder und jede, der und die damit befasst ist, ob man es nun denkt oder ob man es spürt. Den Weg zu einer neuen, transnationalen Demokratie hat man sich verbaut, und die Verhandlungen, die im Geheimen und ohne demokratisches Mandat um die TTIP geführt werden, sind dafür nur noch ein öffentliches

II. IDENTITÄTEN

Schauspiel, das vor allem die wahre Ohnmacht der verbliebenen kritischen Demokraten vorführt. Der Inhalt dieses Schauspiels ist komplementär zum Inhalt der Schauspiele in der »Flüchtlingsfrage«: Wenn hier Demokratie geopfert werden muss, um das Nationale zu retten, so muss hier Demokratie geopfert werden, um den Wohlstand zu retten. Natürlich geht real weder das eine noch das andere auf; statt die Nation zu retten, wird sie durch die schließlich nicht mehr kontrollierbare Faschisierung von wachsenden Teilbereichen der Gesellschaft weiter gespalten, und statt den Wohlstand wenigstens als symbolische Teilhabe am Reichtum zu retten, wird der Graben zwischen den Reichen und den Armen immer größer. Und für all das ist nun der rechtlose Homo sacer, der Internierbare und Abschiebbare, der Selektierbare und Registrierbare, der Mensch, der den permanenten Ausnahmezustand bedingt, der Flüchtling der willkommene Sündenbock. Das nationale »Volk« will die »Grenzen«, und die Regierungen, die das Opfern des Flüchtlings recht und schlecht unterdrücken, versprechen, sie ihm zu geben.

Die Politik der nationalen Wohlstandsdemokratien (also eben einer Regierungsform durch den Mythos – Nation, Wohlstand und Demokratie immer weiter fiktionalisierend) besteht im Wesentlichen im Versuch, vor dem unvermeidlichen Ende Zeit zu gewinnen. Eben daraus entstand die postdemokratische Strategie des Regierens im permanenten Notstand. Der Ausnahmezustand als Normalität lässt die demokratischen Rechte und Kontrollfunktionen, sogar die Gewaltenteilungen und das Rechtsstaatsprinzip als etwas erscheinen, was nur gewährt wurde, temporär und gnädig.

Daher die Doppelfunktion der Flüchtlinge: Sie sind ein erneuter Beleg für den Ausnahmezustand und zugleich jene, denen diese Rechte nicht gewährt werden. Man mag, wenngleich zögerlich hier und da, »humanitäre Hilfe« leisten, aber zugleich wird der Zustand der Rechtlosigkeit für die Neuankömmlinge festgeschrieben. Die bittere Pointe dabei ist gewiss, dass, gleichgültig wie zynisch und »national« die jeweiligen postdemokratischen Regierungen mit den Flüchtlingen auch umgehen mögen, es den völkisch-nationalen »Bewegungen« nie genug sein kann. Die Faschisierung geht weiter, weil sie zwar augenblicklich Entlastung, aber keine Lösung des Dilemmas einer Vertreibung aus dem Mythos des besseren Lebens bringt. Es sei denn, man dürfe in der Tat wieder »den Platz leeren« und den »blutigen Brei« anrichten. Aber soll uns das »deutsche Dispositiv« nicht gerade davor bewahren?

Anmerkungen

1 Alain Badiou: Das demokratische Wahrzeichen. In: Demokratie? Eine Debatte. Berlin 2012, S. 13.
2 Darin, nicht aber in seiner optimistischen Aussicht auf Europa, pflichten wir Robert Menasse bei. Vgl. Robert Menasse: Heimat ist die schönste Utopie. Reden (wir) über Europa. Berlin 2014.
3 35 000 gefällt das – Der Anklamer Polizeidirektor bekämpft Gerüchte über angebliche Flüchtlingskriminalität. In: Die Zeit 45/2015, S. 4.

II. IDENTITÄTEN

4   Ina Kresse: Keine Gutscheine für Flüchtlinge. In: Allgäuer Zeitung, 7.11.2015, S. 13.
5   Vgl. Florian Brand: Arzt will keine Ausländer behandeln. In: taz, 2.12.2015, S. 10.
6   Michel Foucault: Kritik des Regierens. Schriften zur Politik. Berlin 2010, S. 13.
7   ebd.
8   Vgl. dazu Markus Metz / Georg Seesslen: Kapitalistischer (Sur)Realismus. Berlin 2016 (im Erscheinen).
9   Giorgio Agamben: Was ist ein Dispositiv? Zürich/Berlin 2008, S. 9.
10 Stichwort »dispositives Recht«. In: Duden Recht A–Z. Fachlexikon für Studium, Ausbildung und Beruf. 2. Aufl., Mannheim 2010.
11 Roland Barthes: Mythen des Alltags. Frankfurt/M. 2003.
12 Agamben, a.a.O., S. 24.
13 Hans Magnus Enzensberger: Die Welt als Scherbenhaufen. In: Einzelheiten. Frankfurt/M. 1962.
14 Agamben, a.a.O., S. 24.
15 Dies alles gilt natürlich zunächst für die Länder West- und Mitteleuropas. Einerseits indes könnte man durchaus eine Parallelgeschichte des Ostens verfassen, andererseits aber auch die Verwerfungen beschreiben, die sich im »neuen« und erweiterten Europa ergaben, als »Krisen« und »Erweiterungen« die symbolischen Ordnungen verwirren mussten.
16 Belege dazu finden sich im Übrigen unter vielem anderen in der fortlaufenden Rubrik »Eins auf die Presse, mein Herzblatt« auf der Blog-Seite »Das Schönste an Deutschland ist die Autobahn«: www.seesslen-blog.de/.

III. Neues Deutschland, ganz das alte?

Was bisher geschah: Ein globaler Krisenkapitalismus, Interventions- und Bürgerkriege mit tausend Gesichtern (und doch immer ähnlichen Ursachen), ein Zusammentreffen ökonomischer, politischer und ökologischer Parameter hat »Flüchtlingsströme« erzeugt; die meisten von ihnen innerhalb der Zonen von Unruhe, Chaos und Leid. Ein Teil der Flüchtlinge indes hofft auf Europa. Ein Europa, das sein eigenes Nicht-Werden und Zusammenbrechen noch nicht wirklich realisiert hat. Eine Fata Morgana. Ein Europa, in dem sich gerade die große symbolische Ordnung aus Wohlstand, Demokratie und Nation auflöst, ein Europa, das sich nationalisiert, militarisiert und faschisiert. Ein Europa, das seinen eigenen Bürgerkrieg durch Zeitgewinn, Management und gute Laune aufhalten will. Ein Europa, dessen Nationalregierungen sich und ihren untereinander neomerkantilistisch »Krieg« führenden politischen Ökonomien unentwegt Zeit gewinnen wollen, und wo Postdemokratie und Neoliberalismus keine »Erzählung« mehr erzeugen können, in der sich »Gemeinschaften« bilden könnten, ohne sich um Opfer zu scharen, wo Regieren vor allem durch eine Permanenz des Ausnahmezustands und schließlich auch durch die Konstruktion des Homo sacer realisiert wird.

Das höchste zu erwartende Glück eines Flüchtlings in diesem Fata-Morgana-Europa und in diesen Fake-Nationen bestünde darin, geduldet zu werden, ein bisschen »integriert«, ein bisschen vergessen, vor allem ausgegrenzt und ghettoisiert. Aber nicht einmal dieses bescheidene Glück ist allen beschieden; auf viele warten stattdessen Lager und Rechtelosigkeit, Selektion und Abschiebung. Und der Hass eines gewaltigen Bevölkerungsanteils.

Die Situation der Flüchtlinge in Europa wird dadurch erschwert, dass es keine politische Kultur, keinen Diskurs, kein Projekt für ihre Aufnahme gibt: Die Zivilgesellschaft, die man sich als Gastgeber erhofft haben mochte und zu der man beizutragen bereit war, kämpft selber um ihr Überleben. Die postdemokratischen Regierungen in Europa sind nicht nur untereinander heillos uneins, sondern sie lavieren auch in ihren Strategien des Zeitgewinns zwischen der eigenen liberalen Zivilgesellschaft, den transnationalen und zugleich nationalpolitisch agierenden Interessen des Finanzkapitalismus und dem, was man zuerst »rechten Rand« nannte und zunehmend faschistische Parallelgesellschaften in Europa nennen muss, sie tun dies, ohne die Herrschaft über den Ausnahmezustand und den Homo sacer gänzlich zu verlieren, nach dessen Opfer indes von rechts regiert wird. Die Frage: »Wer ist der Souverän?«, steht neu an in Europa. Und die Brutalität, mit der sich die einzelnen Kräfte darum beharken, nimmt immer weiter zu. Der Albtraum rückt immer näher: Auch Europa wird ein Bürgerkriegsland. Die Verteidigung der Grenzen (gegen die Flüchtlinge) zieht die neuen Mauern hoch; die Nationen werden, zumindest für die weniger Privilegierten, wieder Gefängnisse, das Scheitern des Pro-

HASS UND HOFFNUNG

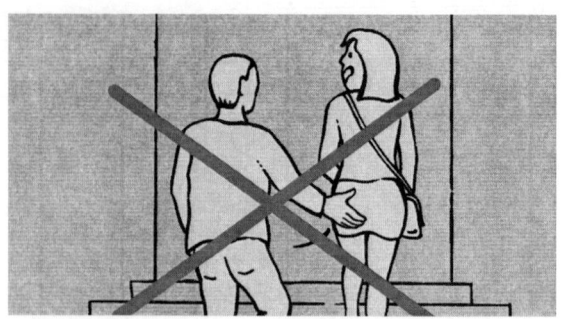

Der ARD-Bildungskanal *alpha* bringt Flüchtlingen die deutsche Leitkultur näher.
»Respect: Women are to be respected, no matter, what they wear.«

»Homosexuality: In Germany, homosexuals are allowed to show their sexual preference in public.«

jekts Europa zieht das Scheitern seiner Nationen nach sich, und der »Vorgeschmack« Griechenland zeigt, wie der neomerkantilistische Hegemonialdrang einer Nation eine andere ruinieren und nun eben in den Bürger-

III. NEUES DEUTSCHLAND, GANZ DAS ALTE?

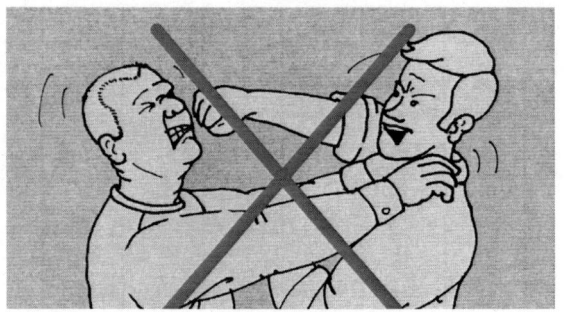

»No violence: In Germany, conflicts must not be solved with violence.«

»Otherwise, people can get in jail and have disadvantages in the asylum procedure.«

krieg drängen kann. Einen unterschwelligen, den wir längst erleben, und irgendwann auch einen offenen, dessen Formen wir uns lieber nicht vorstellen wollen. Denn während sich der neue Souverän aus den nationalen und den transnationalen Dispositiven (des Konsums, zum Beispiel) bildet, wächst die soziale, ökonomische und kulturelle Ungleichheit und Ungleichzeitigkeit immer weiter.

Europa droht zugrunde zu gehen. Europa könnte durch die Flüchtlinge gerettet werden. Wenn jemand die Kraft hätte, noch einmal Europa zu denken, es noch einmal zu errichten, als Idee und Projekt, als Heimstatt einer Zivilgesellschaft, die in einem neuen Anlauf unternimmt, Wohlstand, Demokratie und Nation (oder was auf sie folgen mag) in eine gerechte reale wie symbolische Ordnung zu bringen, dann wären sie es. Sie wären die Europäer von morgen. Und genau das ist es, was die Nutznießer der Renationalisierung verhindern wollen.

1.

Sind die Flüchtlinge denn überhaupt ein Problem? Gehen wir von einer nüchternen Prognose aus. Dann gibt es drei Hauptbeobachtungen: Erstens: Die Gesellschaft wird durch die Flüchtlinge eine andere sein als vorher. (Man könnte gewiss behaupten, bei ihrem derzeitigen Zustand sei da mehr Chance als Risiko zu beobachten, aber ...) Zweitens: Schneller, als im Augenblick vorstellbar, wird ein Zustand einer neuen Normalität von Zusammenleben und -arbeiten erreicht. (Normalität: Alltag, Arbeit und Kultur; das kann weit oder auch noch weiter von einem idealen oder wenigstens halbwegs glücklichen Zustand entfernt sein). Drittens: Für die Mehrzahl der Menschen, die »schon immer« hier gelebt haben, wird sich nicht viel ändern. Bei den wirt-

III. NEUES DEUTSCHLAND, GANZ DAS ALTE?

schaftlichen Entwicklungen nämlich werden sich die Vorteile und die Nachteile rasch wieder ausgleichen. Es gibt neue Konflikte, gewiss. Einerseits werden die erwartbaren sozialen Spannungen immer wieder rassistisch aufgeladen, Ghettos werden sich bilden neben den Aufstiegsgeschichten. (Irgendwann wird es den ersten Bundeskanzler, die erste Bundeskanzlerin »mit syrischen Wurzeln« geben, und trotzdem wird sich an den Strukturen von Rassismus, Patriarchat und Klassenspaltung wenig ändern.) Was jetzt schon wieder absehbar ist, die kulturelle Spannung zwischen den Städten und der Provinz, aber auch die Konflikte zwischen dem Bund und den Ländern und Regionen und Gemeinden, denen zunächst einmal die meisten Lasten aufgebürdet werden, mag sich verschärfen. Die Beruhigung der entfachten nationalistischen, rassistischen und neofaschischen Energien, dringendes Gebot für eine weitere Entwicklung des »Wirtschaftsstandorts Deutschland«, wird nie vollständig gelingen; der Integration der Migranten wird die Integration des Neofaschismus in die postdemokratischen Regierungen vorangehen. Man wird versuchen, dem rechten Rand durch Zugeständnisse die Militanz abzukaufen – genauer gesagt: Man ist schon mittendrin in diesem Prozess.

Und es zeichnet sich jetzt schon ab, dass es wieder Gewinner und Verlierer geben wird. Der Bereich der Sozialarbeit, die Schulen und die Gesundheitseinrichtungen werden die Lasten tragen müssen, während einigermaßen todsicher »Arbeitgeber« und das Immobilienkapital profitieren. Man wird öffentlich gegen »Parallelgesellschaften« wettern und insgeheim von den Parallelökonomien profitieren.

Auch die institutionalisierte Sündenbock-Funktion der Migranten ist absehbar, zumal wenn auch der ökonomische Ausnahmefall Deutschland mit seiner Exportorientierung einen Konjunktureinbruch erleben wird. (Noch weniger Wohlstand, noch weniger Demokratie, noch mehr Nationalismus.) Die Spaltung zwischen Osten und Westen wird sich vermutlich verschärfen. Vor der »Flüchtlingskrise« betrug der Bevölkerungsanteil »mit Migrationshintergrund« im Westen zwischen 18 % und 27,5 %, in den östlichen Bundesländern dagegen zwischen 3,4 und 4,6 %. Genau dort werden sich nun die fremdenfeindlichen und neofaschistischen Impulse so verstärken, dass es östliche Regionen in Deutschland gibt, die nicht nur für Menschen mit dunkler Hautfarbe, sondern für ganz normale, demokratisch und humanistisch gesinnte Zeitgenossen zur No-go-Area werden. So erzeugt man eine weitere sich selbst erfüllende Prophezeiung; nicht nur Wohlstand, Demokratie und Nation, nicht nur Stadt und Provinz, sondern auch Osten und Westen werden sich weiter auseinanderentwickeln. Die Zivilgesellschaft wird sich darauf vorbereiten, in urbanen »Bubbles« zu leben, inmitten eines finsteren Landes. Und es wird wahrhaft verlassene Regionen geben, aus denen sich Intelligenz, Kritik, Fortschritt und Kultur verabschieden. Ein Nebeneffekt der mehr oder weniger geduldeten Faschisierung der europäischen Gesellschaften ist eine Mini-Migration der Intelligenz und des liberalen Mittelstands.

III. NEUES DEUTSCHLAND, GANZ DAS ALTE?

Danach werden, so Steven Vertovec, Direktor des Max-Planck-Instituts zur Erforschung multireligiöser und multiethnischer Gesellschaften, »die öffentliche Stimmung und die Darstellung sich vermutlich zu einem ethnisierten Bild des ›guten‹ und des ›schlechten‹ Zuwanderers zusammenfügen«.[1] Und: Die »Stereotypisierung wird dazu führen, dass bestimmte Herkunftsgruppen positiv bewertet und andere stigmatisiert werden.« Die Funktion des Homo sacer wird also, mit anderen Worten, von der Regierung ins Volk übergehen, von der Legitimationsebene in die Lebenspraxis. Der rassistische Anfall in der Öffentlichkeit wird sich im Alltagsrassismus fortsetzen, der immer wieder »aufflammt«, wenn die nächste Krise sich abzeichnet. Neben den Krisenzyklen, innerhalb einer »Dauerkrise«, wird es einen Zyklus der Migrationen geben. Bestimmte Verhaltensweisen und Situationen werden sich stets wiederholen; immer wird es Opfer geben. Immer werden die Neuankömmlinge dazu missbraucht, Arbeits- und Immobilienmärkte zugunsten des Kapitals zu restrukturieren. Dies alles, wohlgemerkt, ist das Szenario für den Fall, dass »es gut geht«. Dann nämlich, wenn sich bewahrheitet, was Wirtschaftsminister Sigmar Gabriel versprach (jedenfalls bevor die Diskussionen heftiger wurden), nämlich dass sich die »Investition« in die Flüchtlinge und vor allem in ihre Kinder lohne und sich die entsprechenden Einsätze als »kleines Konjunkturprogramm« erweisen würden, von dem auch der Mittelstand profitieren könne. So könnte man, zynisch genug, die Spaltung des deutschen Mittelstands in einen

Teil, der eine »Willkommenskultur« pflegt, und in einen anderen, der sich dem völkisch-nationalistischen »Widerstand« anschließt, daraufhin untersuchen, wer von diesem »kleinen Konjunkturprogramm« profitiert und wer nicht.

Das Merkel'sche »Wir schaffen das« war also kein heroischer und kein moralischer Sprechakt, sondern, sehr angemessen, eine nüchterne, »scientifische«, rationale und moderate Aussage.[2] Der Widerstand, der sich dagegen erhob, ließe sich also nicht als »Wir schaffen das nicht« übersetzen, sondern nur als »Wir wollen das nicht schaffen«.

2.

Nehmen wir, was Deutschland anbelangt, in der Tat eine »zweite Wende« an, wie Steven Vertovec sie so sachdienlich unspektakulär beschreibt. So wie es aussieht, hat man aus dem, was bei der ersten alles schieflief, so wenig gelernt, dass dieselben Fehler nun noch einmal noch heftiger begangen werden. Wieder hat eine »Binnen-Integration« – nach der »Flüchtlingswelle« nach 1945 – nicht wirklich geklappt: Die deutsche Einheit ist, sozial und kulturell, wie man so sagt, »nicht vollzogen«. Und auch die beinhärtesten der Volks- und Grenzen-Politiker müssen erkennen, dass es dabei auch so etwas wie Überlagerungen, Korrekturen und Beschädigungen der neuen deutschen Nationalerzählung gibt. Bei den »Flüchtlingsströmen«, die auf solche Ablehnung stoßen, nicht an die Flüchtlinge in der Nachkriegszeit zu denken, die durchaus nicht überall und umfassend freundlich aufgenommen wurden und denen manches unterstellt wurde, was nun den (jeweils) neuen Flüchtlingen unterstellt wird, fällt schwer. Es ist, wie man so sagt, eine alte Wunde, die da aufreißt, auch wenn der Vergleich nicht wirklich stichhaltig ist (wir bewegen uns nun einmal in einem Feld der Illusionen und der Projektionen, wo das Kontrafaktische zur realen Waffe wird): die Erinnerung an eine Erfahrung der Niedertracht, die nicht einmal eine nationale Ausrede hatte.

Wahlplakat aus den 1950er Jahren

Wie konnte sich denn, was eben noch gemeinsam »Ein Reich, ein Volk, ein Führer« brüllte, so spinnefeind, futterneidisch und missgünstig begegnen? Und wie konnten Ossis und Wessis sich so beharrlich und lustvoll missverstehen? War denn diese Super-Nation der Nationalsozialisten nichts als eine Schimäre gewesen, die man sich vor die Mordlust und die Bereicherung, den Opportunismus und die Feigheit geschoben hatte? Hatte die Missgunst gegenüber den »Heimatvertriebenen« nicht gezeigt, dass die »Volksgemeinschaft« nur ein fadenscheiniges Mäntelchen um Egoismus, Bereicherung, Sadismus, Mordlust und Dummheit gewesen war? Und waren die »blühenden Landschaften« der Wiedervereinigung nicht vor allem Anlagefelder für Konzerne und Spekulanten auf der einen, die neuen Niemandsländer der Neonazis andererseits? Die »Fremdheit« des Flüchtlings, mit anderen Worten, ist eine Schimäre, sie dient nur noch der letzten Legitimation ihrer Ablehnung. Wenn die deutsche Geschichte etwas lehrt, dann dies: Die Begriffe »Flüchtlinge«, »Fremde«, »Ausländer« usw. werden willkürlich und nach Interessenlagen, kontrafaktisch und kontraempirisch, aber immer am Leitfaden einer »nackten« Egomanie durchdekliniert.

Es sind die drei immergleichen Impulse gegen die »anderen«: Man will nicht teilen. Man will sich nicht verändern. Man will (sich) nicht vermischen.

Wenn man die drei Impulse miteinander verbunden denkt, erhält man eine Beziehung von ökonomischem Interesse und symbolischer Ordnung. Natürlich könnte man, in rigorosem Materialismus, auch die »Angst« vor der Vermischung als Teil des Nicht-teilen-Wollens ansehen (nämlich in einem Kontext der sexuellen und familiären Konkurrenz), aber ebenso gut könnte man davon sprechen, dass das Nicht-teilen-Wollen keiner ökonomischen, sondern einer symbolischen Ordnung folgt, denn noch immer haben Flüchtlinge, so man ihnen die Chance gegeben hat, die ökonomischen Verhältnisse auch für ihre »Gastgeber« verbessert. Es ist nur zu klar: Würde man die verödeten Regionen im Osten Deutschlands mit Flüchtlingen »füllen« (was man diesen freilich nicht zumuten möchte), so wäre dies ziemlich wahrscheinlich die einzig mögliche Methode, doch noch zu den verheißenen »blühenden Landschaften« zu kommen. Wer weiß das, wer kann das wissen, und wer will das wissen? Es entsteht eine Grammatik der Verblendung, die sich um die Pole von Ökonomie und Macht entfaltet.

Wenn wir also nun von symbolischen Ordnungen, von Identitäten, von Dispositiven sprechen, dann nie ohne daran zu denken, dass es im Kern auch um »nackte« Interessen geht, die allerdings nie so einfach aufzuschlüsseln sind, als dass man ein bloßes Nicht-teilen-Wollen (von den Dümmsten der Dummen abgesehen) zur Grundlage nehmen könnte. Nicht nur um die vorsorgliche Ausschaltung von kommenden Konkurrenten im Kampf um »knappe Kassen«, nicht nur um die Verteidigung von Immobilienpreisen und Wohngegenden gegen den (selbst erzeugten) Verfall und nicht nur um die wohlfeile Entlastung durch den Fremden als Sündenbock für das eigene Versagen kann es gehen; es muss vielmehr ganz reale soziale und ökonomische Vorteile bringen, rassistisch und xenophob zu agieren. Und eben dies ist die Wirkungsweise des Dispositivs, dass es sich auch als ökonomisches Geflecht verwirklicht. Man hofft darauf, gleichsam eine xenophobe Ökonomie zu begründen. Und man mag in der Tat Furcht haben, von der neuen, erweiterten und progressiven Ökonomie der »Integration« überfordert zu werden. Der Pegida-Schreier verlangt von seinem Souverän, was der schon lange nicht mehr bereit ist zu leisten, nämlich ihn zu alimentieren, nur weil er »Deutscher« ist. Er verlangt nicht Schutz vor dem Fremden, er verlangt Schutz vor der Ökonomie selbst. Dass er das Gegenteil bekommen wird, nämlich noch mehr »Sozialabbau«, wird ihn in seinem Fremdenhass nur bestätigen und, wie man so sagt, »radikalisieren«.

Eine zweite Übermalung, ebenso grotesk, ebenso signifikant: Die deutsche Nation war vor einem Vierteljahrhundert noch einmal entstanden, so will es das Selbstbildnis, durch den »Fall der Mauer«, durch eine »friedliche Revolution« im Namen von Freiheit, Demokratie und Rechtsstaat. Unter den Menschen, die heute bei Pegida mitmarschieren und -brüllen, müssen auch einige von jenen sein, die diese »Geburt der Nation«, den Mauerfall und den Beginn der Berliner Republik miterlebt haben. Und nun werden neue Mauern gefordert – werden Demokratie und Rechtsstaat als lästiges »Gutmenschentum« beiseitegeschoben? Es ist offenkundig: Die Konstruktion der »deutschen Nation« durch die Nationalsozialisten war ebenso eine nützliche Lüge wie die Konstruktion der »deutschen Nation« durch Wiedervereinigung und Mauerfall. Sollte denn die Mauer nur fallen, damit sie an anderer Stelle wieder neu errichtet werden würde? Dass die Pegida-Leute im Verein mit einem rechtsopportunistischen

III. NEUES DEUTSCHLAND, GANZ DAS ALTE?

Teil der deutschen Politiker-Kaste die »Geschichte rückwärts« schreiben, wie es viele entsetzte Beobachter notieren, ist kein nostalgischer oder reaktionärer Weg zu »besseren Tagen«, es ist vielmehr die nächste Entlarvung des Mythos der deutschen Nation durch seine lautesten Protagonisten. Der Gründungsmythos der Berliner Republik, der schon vordem leichte bis mittelschwere Flecken angesetzt hatte, ist durch und Pegida, durch Fremdenfeindlichkeit und Flüchtlingshass zerstört. Angela Merkel muss etwas davon gespürt haben, als sie zur Pathosformel »mein Land« griff, das sie in Gefahr sah und das in Gefahr stehe, nicht mehr das ihre zu sein.

Es ist also deutlich, dass der Nationalismus der Nationalisten reine Pose ist, eine dünne Haut über genau der Niedertracht und der Unmenschlichkeit, die sich offensichtlich schon immer darunter verbarg. Ein Blick nach Frankreich zeigt, dass auch der Front National eine solche Zerstörung der nationalen Gründungslegende betreibt; wer sich statt auf die Ideale der Revolution auf die klerikale Ikone der Jeanne d'Arc bezieht, bricht mit einer narrativen Kontinuität; die Neofaschisten in Skandinavien, die von einem »nordischen Reich« schwärmen, die »wahren Finnen« usw., sie alle beziehen sich, wie der christliche Dschihadist Anders Breivik, auf mehr oder weniger virtuelle Vorbilder, sie verhalten sich zu den Nachkriegs-Gründungslegenden ihrer Länder ganz ähnlich. Sie behaupten, die Nationen wieder zu »erzählen«, doch in Wahrheit vernichten sie die konsensuellen Nationalerzählungen und Gründungsmythen, um ihre Adressaten zu »Entscheidungen« zu zwingen, die in der Ambivalenz der Mythen vorher aufgehoben waren. Vor den Nationen zerbrechen die nationalen Gründungslegenden; die Neofaschisten und die Pegidisten erzählen Deutschland nicht neu, sondern sie machen es unerzählbar.

Was sich da bemerkbar macht, könnte man also als neuen, synthetisch-mörderischen Nationalismus begreifen, als Wiederkehr eines furchtbaren Krisensyndroms, als ein unausrottbares Grundübel des europäischen Nationalgedankens. Es ist aber wohl zugleich auch das genaue Gegenteil, nämlich eine paradoxe Entkopplung und Entflechtung von Nation und Geschichte. Es ist ein Nationalismus, der sich mit postmoderner Beliebigkeit verbindet, es ist aber auch ein Nationalismus, der sich gleichsam entnationalisiert. So nur konnte das Paradoxon eines europäischen Nationalismus entstehen, das sich Pegida ja als »Patriotische Europäer« anheftet. Diesen in der Tat nur auf den ersten Blick so grotesken Vorgang könnte man in einem einfachen Modell beschreiben: Die nationale Gründungslegende der einzelnen Staaten muss so lange verfälscht, im Zweifelsfall zerstört werden, um diesen Traum von einem »europäischen Patriotismus«, von einer Allianz der Nationalisten (zum Beispiel im europäischen Parlament) zu ermöglichen. Die Aussicht ist wahrhaft grauenerregend: Der Demokratie gelingt es nicht, vom nationalen in den transnationalen Zustand zu wechseln. Dagegen gelingt es dem Nationalismus durchaus, so paradox das auch erscheinen mag,

III. NEUES DEUTSCHLAND, GANZ DAS ALTE?

in einen transnationalen Zustand zu gelangen, eben weil er nicht mehr als historischer Diskurs, sondern als Verhaltens-Dispositiv wirkt. Die Frage, wie »authentisch« denn nun ein solcher Fake-Nationalismus sei, erübrigt sich von selbst. Der Pegida-Marschierer vereint in sich den Nazi, der »Ein Volk, ein Reich, ein Führer« schrie, und den Nachkriegsdeutschen, der jedem Neuankömmling das Lebensnotwendigste nicht gönnte, und schon gar kein »Bleiberecht« in seiner am liebsten für immer geschlossenen Welt (in der er im Übrigen »von nichts gewusst« haben will, wie ja auch die Rechtspopulisten von heute schon jetzt nicht gewusst haben werden, was sie anrichten).

Und der Wohlstand, oder sagen wir nun: Profit? Er bedient sich längst des nationalen wie des transnationalen Geschehens. »Gegen Flüchtlinge« zu sein ist der verbindende Mythos für einen transnationalen, beliebigen und offensichtlich in seinen eigenen Widersprüchen durchaus wahnsinnig gewordenen Nationalismus, der Figuren wie Marine Le Pen in Frankreich, Jörg Haider und Heinz-Christian Strache in Österreich oder Christoph Blocher in der Schweiz hervorbringt. Ihre Authentizität liegt in einer besonderen Performance der Nicht-Authentizität; ihr Erfolg liegt darin, dass sie ihren Anhängern vermitteln, dass man ein bösartiger rassistischer Gewalttäter sein kann, aber es deswegen noch lange nicht ernst meinen muss. Denn das Dispositiv, in dem man sich bewegt, setzt die nationale Erzählung frei. Ob alles gelogen ist, das ist egal, Hauptsache, es fühlt sich gut an. Hauptsache, man hat einen Vorteil davon. So werden Nationalismus, Unmenschlichkeit und Rassismus eben nicht so sehr zu einem Gesprochenen, sondern eher zu einer Sprache. Man versteht sich da, wie man sich vorher nie verstanden hat.

Warum will man nicht teilen, nicht verändern, sich nicht mischen – auch wenn à la longue die Vorteile dabei überwiegen würden? Weil sich die Gestalt der Macht änderte. Jenes andere, das »Ich« erst denkbar macht. Und weil die Vertreibung aus der symbolischen Ordnung mehr gefürchtet wird, als die ökonomische und kulturelle Erweiterung erhofft werden kann. So entsteht als absurde Spiegelung zugleich der rassistische Neonazi und der dschihadistische Terrorist. Keiner von ihnen ist allein durch sein ökonomische Biografie zu erklären, keiner durch ein konsistentes Bild der Soziopathie. Aber in jedem existieren die Verbindungslinien zwischen den materiellen Lebensbedingungen und den symbolischen Ordnungen. Wenn auch nicht in klaren Fäden, so doch in Knäueln.

3.

Die größten politischen Verbrechen begehen derzeit, natürlich neben den mehr oder weniger echten Nazis und ihrer Gefolgschaft, die Politiker, die mit den Flüchtlingen ihre Machtspiele treiben, und jene, die ganz gezielt das rechte Potenzial in der Bevölkerung bedienen. Bei der CSU in Bayern kommt das alles zusammen, plus einem Bodensatz des ganz und gar authentischen Rassismus. Denn es scheint da so etwas wie einen Sog der Offenbarung und Selbstoffenbarung zu

III. NEUES DEUTSCHLAND, GANZ DAS ALTE?

geben, das fake-nationalistische und echt rassistische Gerede wirkt ansteckend, wie eine dumpfe Karnevalisierung der öffentlichen Sprache und wie ein Zwang der gegenseitigen Überbietung.

Es ist, über die Pegida-Veranstaltungen hinaus, ein politischer Karneval der Hetzreden entstanden. Eine Art rhetorischer Sport: Wer kommt der juristisch belangbaren Nazi-Sprache am nächsten, ohne dass man ihn dafür tatsächlich anklagen kann? Dieser bescheidene Sport beginnt sich gewissermaßen zu verselbstständigen, so wie die Hass- und Hetzreden im Internet. Die Hoffnung der Demokraten mag sein: Mit zunehmender Steigerung der Hetzrhetorik wird der Kreis der Adressaten kleiner und geschlossener (während man sich im Inneren des Kreises »radikalisiert«). Die klugen Rechtspopulisten wie Marine Le Pen in Frankreich gehen da lieber den umgekehrten Weg und versuchen sich einer »bürgerlichen« Klientel anzupassen, die es dann doch nicht so derb haben will. (Damit nun wieder ist die Gefahr der Abspaltung eines »radikaleren« Flügels oder der Verlust der eigenen Avantgarde – in diesem Fall sogar des eigenen Vaters – verbunden.) Die Abfolge der beiden Impulse, Steigerung der Hetz-Drastik und Moderierung für ein Publikum, das sich noch als politische Mitte wähnt, entwickelt förmlich eine »pumpende« Bewegung. Sie würde natürlich nicht funktionieren, wenn in dieser »Mitte« nicht eine große Zahl von Menschen nur darauf wartete, von rechts »abgeholt« zu werden. Die Pumpe befördert sowohl Worte und Zeichen als auch Menschen von der Mitte in den rechten Rand und, taktisch gesehen, auch umgekehrt. Ein Bestandteil dieses Pumpvorgangs ist die Aneignung von einst liberalen, demokratischen und sogar linken, vor allem aber »unpolitischen« Begriffen und Erzählpartikeln.

Um also ein Geschäft mit der Entgrenzung der Sprache und der Sprechakte, der Taten und der Unterlassungen zu ermöglichen, musste die Neue Rechte, die als, nun ja, theoretischer Begleitzug der »Straßenrechten« fungiert, die Öffnung der Diskurse von Rassismus, Faschismus und Nationalismus betreiben. Man prägte weitere Begriffe wie »Identität«, die als Container für höchst unterschiedliche Impulse dient. Alles wird zur Performance, zur Attitüde, zum Subjekt-Statement, sodass eine Pegida-Veranstaltung auch bemerkenswerte Ähnlichkeit mit einer Nummernrevue im Fernsehen hat, bei der jeder Redner und jede Rednerin abliefert, was das Publikum erwartet, und das Publikum begeistert auf jeden Wiedererkennungseffekt reagiert. Da die Performer auch hier im Wettbewerb miteinander stehen, müssen sie zwei Kriterien erfüllen: Sie müssen noch einfacher und schneller »auf den Punkt kommen«, den »Klartext«-Trigger betätigen, und sie müssen sich gegenseitig in der Technik des Hetzsports übertreffen. Bei der CSU gibt es bereits »Ableger« wie die »CSU pur« oder die »Echte CSU«, die im Internet mit offen rechtsextremen und hetzerischen Parolen, aber ohne Impressum agitiert, während die Gruppe »Konservativer Aufbruch« offen rechts von der Parteilinie auftritt: »Karnevalisierung« der rechten Politik wird zu einem

Transportmittel einer ihrer »Uneigentlichkeit« durchaus bewussten Haltung.

Die Faschisierung im Angesicht des »Fremden« wird durchweg als »Befreiung« angesehen. Immer wieder erleben wir diese Erleichterung bei den Hetzreden fast körperlich spürbar: Endlich sagt es einer, endlich darf man es wieder sagen. Endlich verstehen wir uns wieder. Als käme eine verbotene Sprache zurück, die nur auf den Flüchtling gewartet hat, um wieder gesprochen werden zu dürfen. Die verbale Diarrhö erfasst die Menschen von der »Mitte« bis zum »rechten Rand«; sie wollen, natürlich, auf keinen Fall »politisch korrekt« sein, sie wollen endlich, endlich wieder so reden, wie man immer hat reden wollen, von Negern, schwulen Säuen und von Asylantengesocks, und natürlich von Volk und Rasse und Nation und vom Reich, in das man wenigstens heim will. Die so lange »verbotenen« Worte und Begriffe werden ausgebreitet, in den falschesten und willkürlichsten Zusammenhängen. Es gibt daher keine Antwort auf die immer wieder geäußerte Frage: Meinen die etwa wirklich, was die da reden? Es gibt keine verlässliche Unterscheidung zwischen einer propagandistischen Lüge und einer paranoiden Projektion.

Das nationalistische, völkische Hass-Sprechen über Fremde und Flüchtlinge hat keinen logischen, moralischen oder historischen Bezugsrahmen, dagegen etliche Konstanten:

1. Es ist konsensuell kontrafaktisch. Man überzeugt sich gegenseitig davon, dass es richtig ist, von der Wirklichkeit abzusehen.

2. Es ist in doppeltem Sinne dehumanisierend; es spricht dem anderen das Mensch-Sein ab, während es sich selber die Menschlichkeit verbietet.
3. Es hat eine offensichtlich befreiende, eine »Ventil«-Funktion. Es darf da etwas heraus, was vorher unterdrückt und verborgen werden musste.
4. Es ist eine obszöne, zugleich karnevalisiert-sexualisierte und zutiefst paranoide Sprechweise: In der Hass-Sprache gegenüber dem Fremden spricht der völkische Hetzer immer auch über die eigene Sexualität und ihre Widersprüche.
5. Es ist eine Sprache der Gier; in der Projektion der Furcht vor dem Teilen-Müssen steckt das Haben-Wollen, so wie sich in der »Angst« vor allem die unterdrückte Lust zeigt.
6. Diese Hass-Sprache setzt moralische Systeme außer Kraft; es werden in der Tat »neue Werte« geschaffen. Wer daran gescheitert ist, jemand zu werden, will nun kein Mensch, sondern nur noch Volk sein. Es muss Wir werden, wo Ich nicht sein konnte.
7. Der gemeinsame Feind erzeugt »Identität« als Ensemble von »künstlicher Gemeinschaft« und »erfundener Tradition«, ganz im Sinne von Eric Hobsbawm,[3] und hilft über deren Fadenscheinigkeit hinweg. Ohne diesen Feind wären die Gemeinschaft und die Tradition, auf die man sich bezieht, als schiere Behauptung allzu durchsichtig. Gleichzeitig ist aber auch dieser Feind mit Bedacht vollkommen willkürlich, und mehr noch: Es ist offenkundig notwendig, dass es der »schwache« Mensch ist, der da als Feind ausersehen ist.

8. Bei den identitären Strategien, so sagt es Hobsbawm, geht es darum, die »invented traditions«, die erfundenen Traditionen *sinnlich erlebbar* zu machen, durch Bilder, Rituale und Schlagworte zum Beispiel. Nie also geht es hier um »Argumente« oder »Berichte«, immer um die Reihungen von Begriffsbildern, die Häufung von Zeichen, die rituellen Wiederholungen, den gemeinsamen Gestus. In einer erfundenen Tradition wie in einer imaginierten Gemeinschaft ist die Wirklichkeit selbst »ein Feind«. Es ist vergeblich und kontraproduktiv, einer Traditionserfindung durch eine imaginäre Gemeinschaft mit Erinnerungen an die Wirklichkeit kommen zu wollen.
9. In der Hass-Sprache steckt der Bruch mit der demokratischen Zivilgesellschaft. Man spricht ja nicht von einer »Lügen-*Bild*-Zeitung« oder einer »Lügen-*Tagesschau*« zum Beispiel, sondern von einer »Lügenpresse« als Institution einer solchen demokratischen Zivilgesellschaft.
10. Der eigentliche Adressat des Hass-Sprechens »besorgter Bürger« ist der Souverän. Was immer man im Einzelfall zu wollen vorgibt, im Hintergrund steht immer die Forderung nach einer anderen Herrschaft (und Herrschaft eines anderen).
11. Dieses Sprechen fordert in der Tiefe seiner lustvollen Maskierungen das Menschenopfer.
12. Die neue symbolische Ordnung, die man erhofft, ist ohne dieses Menschenopfer (und ohne den direkten oder indirekten Bürgerkrieg) nicht zu haben.

Der Souverän, der im Ausnahmezustand regiert, soll dazu gezwungen werden, den Homo sacer als Opfer herauszugeben. Damit soll eine neue Ordnung begründet werden. Es ist die Ordnung des Faschismus.

4.

Und die »bürgerliche Presse«? Sie hütet sich, Stellung zu beziehen; sie »tanzt« (und tarnt noch als »Debatte«, was schon Kapitulation ist). Die grandiose Volte treibt zum Beispiel die FAZ, die im Wirtschaftsteil die Neuankömmlinge als potenzielle Arbeitskräfte wahrnimmt, und auf der Medienseite sich allen Ernstes darüber beschwert, dass die Berichterstattung des ZDF über Flüchtlinge zu freundlich sei: Unter dem Titel »Kopflos«[4] wird moniert, man zitiere etwa einen Facebook-Post der Polizei in Mecklenburg-Vorpommern, nach dem es »angesichts des Flüchtlingszuzugs nicht mehr Kriminalität« gebe, erwähne aber eine Sonderkommission in Braunschweig nicht, die Kriminalität unter Flüchtlingen untersucht. Diese Sonderkommission indes hatte im Laufe des Jahres einen – so berichtete *Focus* – »bemerkenswerten Anstieg von Straftaten verzeichnet, bei denen Asylbewerber unter Tatverdacht standen, wie ein Sprecher sagte«. Diese Kommission hat sich unter dem bemerkenswerten Namen »Soko Asyl« gegründet. Und was man in derselben Zeitung, der FAZ nämlich, an anderem Ort hätte erfahren können, wird auch nicht erwähnt: Unter'm Strich, sagt nämlich Kriminaldirektor Küch da, würden ihn die Ergebnisse der Braunschweiger Soko nicht überraschen. »Ich bin seit 41

III. NEUES DEUTSCHLAND, GANZ DAS ALTE?

Jahren bei der Kriminalpolizei. Es ist ganz normal, dass bei so vielen Menschen auch Kriminelle dabei sind, so wie es auch niemand erstaunt, dass bei 80.000 Leuten im Stadion ein paar Idioten dabei sind.«

Um also dieser vom ZDF so schnöde unterschlagenen »Soko Asyl«, die man dann doch noch schamhaft in »Soko Zerm« (»Zentrale Ermittlungen«) umtaufte, eine dramatische Bedeutung zu geben, muss man schon auf die Webseite des rechtsextremen Kopp-Verlags gehen; dort lesen wir: »Insgesamt haben die 13 Beamten der Sonderkommission ›Zerm‹ in den ersten zweieinhalb Monaten ihrer Ermittlungstätigkeit in mehr als 500 Fällen ermittelt. Allein 317 davon waren Diebstahlsdelikte. 55 Asylbewerber wurden vorläufig festgenommen. Und es konnten 17 Haftbefehle erwirkt werden.«

17 Haftbefehle, das können wir noch besser, bei 500 Ermittlungen, oder? Aber man ist ja schon um jeden Haftbefehl froh, den so eine Sonderkommission erwirken kann. Gewettert wird in diesem als Medienkritik verschleierten Propagandastuck in der FAZ gegen »die neue Grenzenlosigkeit der Bundesrepublik«. Diese rhetorische Floskel kennen wir von den Pegidisten zur Genüge. Wir erwähnen dieses Beispiel nur, um zu illustrieren, dass die »Lügenpresse« keineswegs geschlossen auf der Seite der Zivilgesellschaft steht, etlichen halbherzigen Beteuerungen zum Trotz. Das Internet-Portal des *Focus* hat seine führende Stellung, wie mittlerweile auch die Kritik zu bedenken gibt, einem bemerkenswert obszönen Umgang mit den Sprachpartikeln des völkischen »Widerstands« zu verdanken.[5] Aber auch

HASS UND HOFFNUNG

Schwarze Männer bedrohen weiße Frauen: *Focus*-Cover nach der »Kölner Silversternacht«, 9.1.2016

Spiegel-online versorgt uns an einem einzigen Tag mit »Nachrichten« unter Titeln wie »Flüchtlingskrise: Länder schieben deutlich mehr Asylbewerber ab«, »DGB-

III. NEUES DEUTSCHLAND, GANZ DAS ALTE?

Chef Hoffmann: Flüchtlinge sollen soziale Tätigkeiten erledigen«, »Nach Warnung vor gestohlenen Pässen: Innenpolitiker fordern Einzelfallprüfung für syrische Flüchtlinge« usw. usf.

Aus dem Max-Planck-Institut zur Erforschung multireligiöser und multiethnischer Gesellschaften gibt es eine ziemlich aktuelle Untersuchung, die belegt, wie konfliktarm die Beziehungen verlaufen können. In 16 deutschen Städten gab es »eine überraschend hohe Kontakthäufigkeit« zwischen Deutschen und Menschen ausländischer Herkunft. Ganze 16 % gaben an, sich »nie mit Menschen mit Migrationshintergrund zu unterhalten«, 75 % insgesamt bewerten diese Kontakte als positiv. Die neue Gesellschaft kommt für viele Menschen viel unspektakulärer und viel weniger von dramatischen Entscheidungen oder Konflikten bestimmt daher, als es sowohl die Pegidisten als auch die deutsche Mainstream-Presse haben wollen. Damit sind nicht die Mikro- und Alltagsrassismen und alle Konflikte verschwunden, aber die meisten Migranten könnten recht unspektakulär in diese neue Gesellschaft hineinwachsen. Der Vergleich zwischen der Berichterstattung auf der einen Seite und der wissenschaftlichen Bestimmung der wirklichen Geschehnisse lässt erkennen, dass es offensichtlich ein Interesse an Skandalisierung und Dramatisierung gibt. Die »Flüchtlingskrise« ist eine zum großen Teil künstlich erzeugte, und die Mehrheit der deutschen Presse hat offensichtlich nicht die Stärkung der Zivilgesellschaft, sondern die verkaufsträchtigere serielle Dramaturgie von Krise und Katastrophe im Sinn.

Vielleicht müssen wir also nicht nur von einem Problem, sondern vor allem von einem Problematisierungsinteresse ausgehen, und das hat vorwiegend mit dem Zerfall unserer eigenen Gesellschaft und ihrer politischen Kultur und weniger mit den Flüchtlingen direkt zu tun. Und ganz nebenbei offenbart die »Flüchtlingskrise« nicht nur eine Krise der europäischen Gesellschaften und ihrer Demokratien, sondern auch eine ihrer publizistischen Öffentlichkeit.

Nicht dass nun dem rechten Begriff »Lügenpresse« ein linkes Echo folgen sollte – die Verhältnisse sind komplizierter. Vielmehr spiegelt auch die deutsche Presse einen sonderbaren Zustand der Unentschlossenheit, des Sowohl-als-Auch wider, so als wisse man nicht so recht, auf welche Seite man sich schlagen soll, und ob man überhaupt zur Kenntnis nehmen sollte, dass sich da zwei Seiten herausgebildet haben, die über kurz oder lang nicht mehr wirklich in einer Gesellschaft, in einer Demokratie, in einer Ökonomie vereint werden können. Die Flüchtlinge treffen nämlich nicht nur auf ein Europa, das sich vom Projekt einer neuen transnationalen Demokratie verabschiedet und seine Mitglieder in die verschiedensten Formen des Neo-Nationalismus entlässt, nicht nur auf eine Gesellschaft, in der sich neben der demokratischen Zivilgesellschaft andere Formen der Gemeinschaft, nationalistischer, religiöser, ethnischer, kultureller Art herausbilden, nicht nur auf eine Kultur der Diskurse, die offenbar keine klaren Gedanken zu fassen und klare Positionen zu beziehen mehr in der Lage ist. Sie treffen auch auf eine ökonomische

Organisation, in der »Arbeit« sich als ein immer weiter entwerteter, prekarisierter und hysterisierter Konkurrenz- und Überlebenskampf darstellt.

5.

Der Auswanderungsdruck innerhalb Europas ist ja schon groß genug. Das sind ja nicht nur die Leute in Spanien oder Italien zum Beispiel, die einfach in ihrem Land keine Perspektive sehen, sondern auch Leute aus Ungarn oder Polen, die die rechtspopulistischen Regimes in ihrer Heimat und die Unfreiheit dort nicht aushalten. Deutschland bekommt durch diese Migrationsbewegungen ein Übermaß an »Elite«, und mehr noch, ein Übermaß an Kultur. Eine, spätestens zwei Generationen später kann sich ein solcher *brain drain* für Deutschland so erfolgversprechend auswirken, wie es für die Länder, die ihre Eliten und ihre Jugend vertreiben, katastrophal sein wird. Wenn ein Land wie Polen einem klerikal-faschistischen, ultranationalistischen Regime unterworfen wird, kann man es vielleicht leicht regieren, aber zur gleichen Zeit werden ganze Generationen von produktiven Menschen zum Schweigen gebracht oder vertrieben, und mehr noch, sie werden um ihre Zukunft betrogen. In allen Ländern, in denen es solche post- und antidemokratischen, nationalistischen und nationalreligiösen Machtübernahmen gibt, breitet sich zunächst das Prinzip der »Bubbles« aus, liberale Großstädte als »Inseln« und »Blasen« in einem dumpfen, regressiven Land, und es kommt zu einem intellektuellen Aderlass. Noch ist Deutschland einer der Profiteure des *brain drain*, aber auch hier bilden sich vollkommen ungleich entwickelte Regionen.

Die größte Herausforderung, so beschreibt es die bereits erwähnte Planck-Studie, wird nicht im ethnischen, kulturellen oder religiösen Bereich liegen, sondern im rechtlichen. Es gibt ja jetzt schon eine Menge von Menschen mit eingeschränkten Rechten, Saisonarbeiter, Leute mit befristeten Aufenthaltsgenehmigungen, »Halblegale«, die ganz unterschiedliche Zugänge zu den Sozialsystemen, aber eben auch zur demokratischen Mitbestimmung haben. Die Rechtelosigkeit ist das größte Problem der Migration; der rechtliche Status und das eingeräumte Maß an bürgerlichen Rechten werden bestimmen über das Glück, die Härte der Konflikte, die Zukunftsaussichten, letztlich über das Wesen und die Gestalt der neuen Gesellschaft.

Die soziale Ungleichheit wird also mit hoher Wahrscheinlichkeit zunehmen und die Willkommenskultur im Alltag auf die Probe stellen. Die größte Gefahr wäre dann vielleicht gar nicht allein die Aggressivität von rechts, sondern die Gleichgültigkeit, das juristische, ökonomische und kulturelle Ausschließen. Die »Arbeitgeber« haben die Fahrpläne für die nächste Runde in der Abwertung der Arbeit schon ausgegeben: arme Deutsche gegen noch ärmere Flüchtlinge ausspielen. Schon die derzeitig geltenden Zumutbarkeitsregelungen für Erwerbslose erlauben es, Menschen in ihnen vollkommen fremde und unangemessene Arbeit zu zwingen, von schlechter Bezahlung ganz abgesehen. Jede wirtschaftliche Krise seit den siebziger Jahren hatte eine weitere Runde des

III. NEUES DEUTSCHLAND, GANZ DAS ALTE?

Kampfes gegen die Arbeitnehmer und den Sozialstaat zur Folge, und jedes Instrument war dabei recht. Die »Agenda 2010« der rot-grünen Regierung sorgte dann mit »Hartz IV« auch noch dafür, dass sozialer Abstieg über beinahe jedem als böse Drohung schwebt und niemand das Recht hat, sich der Prekarisierung seiner Arbeit zu widersetzen. Immer geht es darum, den im eigenen Wirtschaftsraum angesiedelten Unternehmen billige, wehrlose und (sogar im physischen Sinne) rasch verbrauchbare Arbeitskräfte zuzutreiben. Damit wurde der Wirtschaftsstandort Deutschland im internationalen Wettbewerb gestärkt. Der Niedriglohnsektor wird ganz gezielt ausgebaut; im Jahr 2015 arbeiten bereits ein Viertel aller Deutschen in diesem Bereich. Und er erhält nun einen enormen Zulauf.

Was also wird geschehen? Die Hochqualifizierten und Anpassungsfähigen unter den Migranten werden durchaus Aufstiegschancen haben, und dabei wohl auch einige »Deutsche« in den Niedriglohnsektor verdrängen, die ohnehin »an der Kippe standen«; die Mehrzahl aber, einschließlich einer hohen Anzahl »Überqualifizierter«, werden im Niedriglohnsektor oder auch in der Schattenwirtschaft ohne jede Absicherung arbeiten, viele davon in rechtlich ungesicherten (sklaven-ähnlichen) Verhältnissen. Der deregulierte Arbeitsmarkt – Ergebnis der brutalsten Transformationen durch den Neoliberalismus – wird als Erster zeigen, wohin die neue Gesellschaft sich entwickelt.

Die ersten Stationen sind schon erreicht. Als Erstes fällt das Verbot der Leiharbeit für Flüchtlinge, die nächste Etappe ist die Aussetzung des Mindestlohns. Was dann für Flüchtlinge gilt, kann auch auf arbeitslose Deutsche angewandt werden. Und so schließt sich der Kreis; das Bedrohungspotenzial durch halbfaschistische Bewegungen und die Aggression der »besorgten Bürger« hält wiederum die Menschen in Schach. Ihre Möglichkeiten und ihre Rechte bleiben stets durch diesen rassistischen Untergrund, der bis in die politischen Parteien, die Kirchen, die Kulturinstitutionen und natürlich in die Bürokratie hineinreicht, begrenzt. So sorgt der Rassismus der Krisengesellschaft dafür, dass der kapitalistischen Ökonomie billige und rechtlose Arbeitskräfte zugeführt werden.

Eine weitere, höchst problematische Entwicklung ist jetzt schon abzusehen. Wie das Beispiel Hamburg-Harvestehude zeigt, werden sich die »Nobelviertel« der Städte die Flüchtlinge weitgehend »vom Hals halten« wollen, nicht zuletzt weil man den Verfall der Immobilienpreise fürchtet. Dadurch werden sich die Unterschiede zwischen »gentrifizierter« und »billiger« Wohnlage weiter dramatisch verschärfen; das bedeutet, dass die Schere zwischen Arm und Reich noch stärker auch als reale, räumliche Abschottung sichtbar werden wird. Soziale Brennpunkte auf der einen und bewachte Villenviertel auf der anderen Seite geben den europäischen Städten sehr rasch ein Aussehen, wie wir es uns vor Kurzem nur in dunklen Science-Fiction-Fantasien ausmalen konnten. Kein Wunder, dass sich gerade die Menschen, die sich in der Mitte wähnen, die gerade so eine Balance zwischen Verslummung und Gentrifizierung gefunden haben, am meisten gegen den Zuzug wehren. Während Flüchtlinge in klassischen »Kiez«-Situationen gewiss eher als Bereicherung empfunden werden, werden sie wohl mehrheitlich in jenen Wohngegenden untergebracht, wo auch nach der ersten Restriktion die Bewegungs- und Entfaltungsmöglichkeiten eingeschränkt bleiben, wo Infrastruktur, Schulen, Kindergärten, ärztliche Betreuung, kulturelle Einrichtungen fehlen oder schon an ihren Belastungsgrenzen sind.

6.

»Das Volk« erfindet sich in den Pegida-Ansammlungen neu; schon längst hat es ansonsten seine Selbstbestätigung als politisches, ökonomisches und kulturelles Subjekt verloren. Jemand muss da nur »Volk« brüllen, und alle brüllen sie mit, und »Volksverräter« gleich hinterher. Es ist ein einfaches Weltbild: Wir sind das Volk. Die anderen müssen weg. Wer sich dem widersetzt, ist ein Volksverräter und muss erst recht weg. Wir nennen die anderen Nazis, die »Lügenpresse« ist »gleichgeschaltet wie im Dritten Reich«, so sagt es der evangelisch-freikirchliche Pfarrer Jakob Tscharntke aus Riedlingen und fügt hinzu, was immer und immer wiederholt wird: In den Asylheimen gebe es »Christenverfolgung, Vergewaltigung von Frauen und Kindern«, und er entblödet sich nicht, das Bild des ertrunkenen Jungen zu kommentieren: »Der Vater wollte nur auf unsere Kosten neue Zähne, ist drum geflüchtet«.[6] Verbreitet werden solche Dinge auf Plattformen wie *politically incorrect*.[7] Es geht nicht nur um Empathielosigkeit eines, nun ja,

»Christenmenschen«, es geht um Empathie*verweigerung* als lustvoll sadistische Performance. Man treibt sich gleichsam exorzistisch selbst die Reste von Mitleid aus; die Hetzreden erscheinen oft als Initiationsriten der Rohheit.

Bei alledem geht diese neue völkische Bewegung taktisch nicht ungeschickt vor. Sie entwickelt eine Sprechweise, die klarmacht, was gemeint ist, aber in der Regel unterhalb der justiziablen Schwelle bleibt. »Es gibt unterschiedliche Lautstärken und Empörungs-Temperaturen in diesem Zug. Es gibt jene, die sich zur lieb gewonnenen Montags-Entladung den Mund feurig halten mit den verbotenen bösen Wörtern. Aber auch sie passen genau auf, was sie sagen und schreiben, und was nicht. Auf Plakaten, die eigentlich verkünden möchten, dass man die unerwünschten Zuwanderer, die Volksfremden, in ein Konzentrationslager wünscht, benutzt man den ungefährlichen, von Staub ummantelten ›Gulag‹« (Hilmar Klute).[8] Der Abscheu aber, der in den feuilletonistischen Gesten der Distanzierung vom völkisch-nationalistischen Fremdenhass zum Ausdruck kommen mag, ist immer gepaart mit einer ratlosen Erkenntnis: So verbreitet, so unbeirrbar und unbelehrbar ist das schon, so hilflos ist die Zivilgesellschaft gegenüber etwas, das man nun nicht mehr »rechten Rand« nennen kann, sondern das offensichtlich aus einer Mitte kommt, die nicht nur lange geschwiegen, sondern die man auch lange beschwiegen hat. Wissenschaft, Kunst und Publizistik haben offenbar nicht wirklich gewusst, in welcher Gesellschaft sie sich bewegten.

III. NEUES DEUTSCHLAND, GANZ DAS ALTE?

Man mag sich also, in Dresden und anderswo, durchaus fragen, ob es nicht doch eine spezifisch deutsche Form von Fremdenhass und fundamentalem Empathiemangel gibt. Wenn Durs Grünbein den Pegida-Aufmarsch eine »Zusammenrottung von Menschen, die die Welt nicht mehr verstehen« nennt (im erwähnten Artikel der *Süddeutschen Zeitung*), unterschätzt das vielleicht schon das Gewaltpotenzial, das sich hier zusammenrottet. Das rassistische, fremdenfeindliche und halbfaschistische Dispositiv wird in den Versammlungen der Pegida, der AfD, immer häufiger aber auch schon der »alten« Parteien wie der CSU, in einen nieder- und unterschwelligen politischen Diskurs zurückverwandelt. Es entsteht eine Sprache des Rassismus, die noch viel »uneigentlicher« und künstlicher ist als die des Feindbildes »Political Correctness«. Sie ist lustvoll und sadistisch kreativ; das Dispositiv wird gleichsam im Wortschatz und in die Grammatik eingesetzt; das anti-demokratische, völkische und rassistische (wie homophobe) Deutschland hat eine eigene Sprache entwickelt. Was in ihr gesprochen wird, entzieht sich dem Diskurs und verbreitet sich als Dispositiv weiter in den Mainstream hinein. Es wird Mode, so zu sprechen wie Pegida und Co, auch wenn man nicht dazugehören will, so wie es eine nationalistische Mode im Deutschpop gibt, die Identität und Marketing perfekt verbindet, auch dann, wenn man gleich darauf »rechtsextreme« Gedanken weit von sich weist. Frei.Wild, die Böhsen Onkelz oder der Rapper Fler verwahren sich, sobald sie dem lukrativen Mainstream nahekommen, dagegen, »in die rechte

Ecke« gestellt zu werden.⁹ Dem Dispositiv ist möglich, was dem Diskurs versagt ist. Man kann ihm entsprechen und sich zugleich von rechts abgrenzen.

Während für die einen »das Volk« zum Fetisch geworden ist, ist es bei anderen, die es gern ein wenig abstrakter, geometrischer und sauberer haben wollen (denn dieses Volk, nicht wahr, hat doch was ausgesprochen Ungewaschenes und Ungelüftetes an sich), »die Grenze«. Und während für Pegida die Kanzlerin eine »Volksverräterin« ist (die stante pede aufgehängt gehört), ist sie für den Herausgeber der *Welt* die »Kanzlerin ohne Grenzen«, die dafür gesorgt habe, dass »Deutschland keine gesicherte Außengrenze mehr hat«, und das ist so ganz und gar übel, weil nämlich: »Ein Staat ohne Grenzen gibt sich selbst auf«.¹⁰ Dies scheint eine direkte Ableitung dessen, was der frühere Premierminister Australiens, Tony Abbott, in seinen *Thatcher Lectures* sagt (in der Tat: Politische Statements im Geiste von Maggie Thatcher, so etwas gibt es): »Kein Land oder Kontinent kann alle seine Grenzen in alle Richtungen öffnen, ohne sich grundlegend selbst zu schwächen.«¹¹ (Was sollen die Aborigines wohl zu diesem Satz sagen?)

Das Volk und die Grenze: Dass beides mehr ist als nur eine rhetorische Position oder sogar ein ideologischer Begriff, scheint überdeutlich durch den stakkatohaften, repetitiven und »brüllenden« Gebrauch, den die beiden Fraktionen, die Völkischen und die Geopolitischen, davon machen. Von einem »schleichenden Genozid der deutschen Bevölkerung« spricht die AfD-Kandidatin Christina Baum. Überall wogt, schleicht,

III. NEUES DEUTSCHLAND, GANZ DAS ALTE?

kriecht, fließt, wellt es, nur Mauern, Grenzen, Zäune können es aufhalten. »Militärdienstflüchtlinge«, die aus Eritrea flüchten, sind für einen bayerischen Politiker die weichen Knaben. Diese Pazifisten, die nicht auf ihresgleichen schießen wollen, die hatten wir einst auch im eigenen Land. Weichlinge und Drückeberger, die wollen wir hier nicht, schwul sind sie wahrscheinlich auch.

Wenn wir uns für ein kleines Gedankenspiel »die deutsche Seele« vorstellen, in der »das Volk« die Rolle des rumorenden, vitalen und drängenden *Es* spielt, die Grenze der Ausdruck eines konstruierenden, planenden und ausschließenden *Ich* wäre (ein Ich nun eben, das Angst hat, mit seinen Grenzen zu verschwinden und daher panisch Grenzen ziehen muss, sich und anderen) – wer oder was würde dann die Funktion des *Über-Ich* ausfüllen?

Natürlich darf dieses Über-Ich, das erlaubende, fordernde und legitimierende »große Andere«, (noch) nicht beim Namen genannt werden. Ja, es muss sogar hier und dort taktisch verleugnet werden. Nur weil jemand für Flüchtlinge ohne Bleiberecht Lager fordert, weil er Volksverräter aufhängen möchte, Fremdlinge als kriminelle Untermenschen ansieht, denen gegenüber sich jede »Humanitätsduselei« verbietet, will er doch nicht gleich den Hitler wiederhaben, oder? Nein, die Platzhalter für das Über-Ich in der nationalen deutschen Seele werden von Geschichts- und Kultursplittern gebildet. Das Pegida-Volk sieht sich aufgefordert, die Kulturnation Deutschland zu verteidigen. (Sie zu verteidigen ist die letzte Chance, an dieser Kultur teilzuhaben, die ansonsten, wirft man einmal einen Blick in Bücher und auf Bilder, eher anstrengend und merkwürdig erscheint.) Um den moralischen Diskurs von Durs Grünbein aufzugreifen: Es ist offensichtlich, dass es nicht um Menschen geht, die die Welt nicht mehr verstehen, sondern um solche, die sie nicht verstehen wollen.

Sowohl »das Volk« als auch »die Grenze« scheinen durch ihren jeweiligen Gegensatz konstruiert: Das Volk, das aufgelöst, durchmischt, benachteiligt, an die Seite gedrängt wird, durch die »Flut« der Flüchtlinge, und die Grenze, die sich zu öffnen droht, undeutlich wird, unbewacht, und daher hereinlässt, was nicht hereingehört. Ein Körper und seine Außenhaut, sein Panzer, wenn man so will, verraten und betrogen von einer Regierung, die nicht »führt«, die »aufmacht« und »hereinlässt«, die verschenkt, was doch »uns« gehört. Das alte rassistische Phantasma von den anderen als »Krankheit« (oder mindestens Überträger von Krankheit) wird zwanglos restauriert. So hätten wir eine Psychopathologie des deutschen Nationalsubjekts, das entstanden ist, weil Demokratie, Wohlstand und Nation ihre kontrollierende, gewaltengeteilte und zivilisierende Beziehung zueinander verloren haben. (Und das, wo es damit doch ohnehin nie allzu weit her war.) Erschreckend ist einmal mehr nicht nur, was da aus dem völkischen Bodensatz quillt, erschreckend ist vor allem die Bereitschaft eines Teils der gerade noch von der eigenen Liberalität berauschten Mittelstandskultur, da mitzumachen: Um ihren Status, ihre Macht, ihren Wohlstand, ihre Ruhe, ihre armselige Biografie zu retten, suchen sie die offene

III. NEUES DEUTSCHLAND, GANZ DAS ALTE?

Allianz mit diesem mörderischen Nationalsubjekt oder winden sich zwischen ein bisschen Humanität und ein bisschen völkischer Grenzziehung.

Man kann in der Mitte der allgemeinen Diskurse vielleicht so etwas wie Mikroaggressionen und Mikrorassismen ausmachen. Es sind Floskeln, die sich zuerst einmal harmlos oder vielleicht »irgendwie« vernünftig anhören. So entstehen rhetorische Ketten: Es gibt irgendwo ein Zuviel, eine Anzahl von Flüchtlingen, die »uns« überfordert, die nicht zu »bewältigen« ist. Daraus folgt: Es muss eine Selektion geben. Beinahe niemand mehr scheint vor diesem Wort zu erschaudern, so wenig wie vor dem Wort »Lager«. Außerdem dürfen keine Anreize geschaffen werden, damit nicht noch mehr Flüchtlinge kommen. Daraus folgt zwangsläufig: Man darf die Flüchtlinge nicht allzu gut behandeln. Daraus folgt gleich zweierlei: Man muss die Familienzusammenführung stoppen, und man muss die Kommunikationslinien zwischen den Flüchtlingen und den Menschen in ihrer Heimat wenn nicht unterbrechen, so doch irgendwie beeinflussen. Zudem muss man ja an den »sozialen Frieden« denken, genauer gesagt: Man muss die völkische Reaktion immer wieder so weit beruhigen, dass ihre Energie sich nicht gegen den Staat selbst richtet. Die »Probleme« muss man ernst nehmen, woraus folgt, dass man die Flüchtlinge noch mieser behandeln sollte. Am Ende verweigert »man« das Gespräch mit den Flüchtlingen (man redet ja schon genug über sie), bietet aber immer wieder Pegida & Co. das Gespräch an. »Weniger soziale Härten könnte auch bedeuten, noch mehr Anreize zu schaffen, nach Deutschland zu kommen.« Das sagt ein Grünen-Bürgermeister, ohne dass ihn seine Parteifreunde davonjagen. In der Sprechweise des neuen deutschen Nationalismus heißt das: Wir WOLLEN soziale Härte gegenüber Menschen. Wir WOLLEN soziale Härte gegenüber Menschen ZEIGEN. Nein, wir MÜSSEN es. Denn die Nation ist wichtiger als die Menschlichkeit.

Wir müssen davon ausgehen, dass sich die Mehrzahl der Deutschen in diesem nur noch leicht vernebelten Diskurs befindet: Aus der »Anerkennung der Realität«, die unter vielen anderen Horst Seehofer fordert, wird eine inhumane Praxis, die kaum noch von schlechtem Gewissen oder der immerhin menschlichen Geste des Zögerns gebremst wird.

Tatsächlich gibt es einen weiteren Wechsel (nicht nur) in der Rhetorik. Michael Schilling hat einmal zusammengetragen, was alles als »nationale Aufgabe« propagiert wird,[12] von der Integration der Flüchtlinge (Merkel) bis zur Olympiade (de Maizière). Als »nationale Aufgaben« gelten darüber hinaus: Wissenschaft und Bildung (für den Vorsitzenden des Wissenschaftsrats), »Netzertüchtigung« und »Energiespeicherung und -bevorratung« (für die Stromlobby), die Arbeit am Flughafen Berlin (für Hartmut Mehdorn), Beethoven (für die Stadt Bonn), der Eurovision Song Contest (für Stefan Raab und die ARD), die kritische Ausgabe von Adolf Hitlers *Mein Kampf* (für den Historiker Christian Hartmann). Nun sind natürlich auch die Flüchtlinge eine »nationale Aufgabe«, für die Grünen-Politikerin Katrin

III. NEUES DEUTSCHLAND, GANZ DAS ALTE?

Göring-Eckardt ist klar: »Das Ziel eines ausgeglichenen Haushalts muss sich der nationalen Aufgabe unterordnen, die Flüchtlingskrise zu bewältigen«, während ein »Flüchtlingssoli« für Bodo Ramelow, was ist? Natürlich eine nationale Aufgabe. So wie auch der Grundwasserschutz von Mecklenburg-Vorpommerns Agrarminister Dr. Backhaus einen Antrag unter dem Titel »Grundwasserschutz als nationale Aufgabe« stellt. Genug, wir verstehen, wie sich ein dispositives Sprachbild allein durch seinen Gebrauch eben nicht nur »durchsetzt«, sondern einen Bedeutungswandel schafft.

Früher hätte man vielleicht eher von gesellschaftlichen, vielleicht gar von »gesamtgesellschaftlichen« Aufgaben gesprochen, und dass in nahezu jedem beliebigen Kontext das Gesellschaftliche durch das Nationale ersetzt wird (übrigens gerade auch dort, wo es nicht um nationale, sondern um transnationale Aufgaben ginge), erlaubt erst, dass man immer weiter in die Wörterbücher der Unmenschlichkeit greift. Die »Transitzonen« zur »Selektion« der »Unberechtigten«, die kein »Bleiberecht« erwarten dürfen, lassen sich nun einmal nicht gesellschaftlich, sondern nur national begründen, so wie ein »Flüchtlingsstrom« und ein »Grundwasserproblem« sich darin gleichen, als nationale Aufgabe behandelt zu werden. (Bemerkenswerterweise scheint niemand etwa den Kampf gegen den Neofaschismus oder die Gewährleistung einer wirklich freien Presse als »nationale Aufgabe« anzusehen.)

Die Flüchtlinge generieren mithin durch den Ausnahmezustand nicht nur Macht, sondern das durch sie verursachte »Problem« erlaubt es dieser Macht auch, jede mögliche Lösung aus dem Bereich des Zivilgesellschaftlichen in den Bereich des Nationalen zu transferieren. Das Gesellschaftliche erscheint hier überhaupt als Problem: Da »soziale Probleme« zu erwarten sind, muss »national« gehandelt werden. Alles »Soziale« wird abgewertet und negativ konnotiert, alles »Nationale« ist wichtig und positiv besetzt. Kurzum: Das »Flüchtlingsproblem« wird unter vielem anderen auch dazu missbraucht, die Zivilgesellschaft weiter zu schwächen. Die ehrenamtlichen Helfer wissen ein Lied davon zu singen, wie sehr sie bei der Arbeit durch die amtlichen Stellen behindert werden. Zivilgesellschaftliche Organisation wird, wo sie nicht medienwirksam eingesetzt werden kann, als Teil des Problems, nicht als Teil der Lösung angesehen. Allmählich häufen sich die Berichte darüber, wie bürokratische Hemmungen das Engagement offensichtlich gezielt sabotieren. Hilfsbereitschaft, wenn sie über das medientaugliche Inszenieren der »Willkommenskultur« hinausgeht, muss bestraft werden.

Die Nationalisierung eines primär gesellschaftlichen Prozesses ist nun freilich ein Aspekt eines umfassenderen Wechsels von Politik und Regierung. Es genügt daran zu erinnern, wie sehr die »heroischen« Vorreiter der neoliberalen Postdemokratie wie Margaret Thatcher oder Ronald Reagan die Gesellschaft entweder als Hirngespinst abtaten (»There is no such thing as society«) oder aber als linken Sumpf auszutrocknen versuchten, bevor sie in Form der »social networks«

als digitale Kontrollsysteme wieder auftauchen durfte. Das System des »Regierens im permanenten Ausnahmezustand« schließt sich mit der Nationalisierung von Rhetorik und Organisation: In seiner Nationalisierung ist der Ausnahmezustand institutionalisiert. Eine nationale Aufgabe kann keine demokratischen Prozesse brauchen (weiter unten übersetzt man ja »Demokratie« ohnehin schon mit »Volksverrat«).

7.

Europa, so hört man es hier und da melancholisch raunen, sei in der Flüchtlingsfrage und an ihr gescheitert. Man konnte sich nicht einigen, man zeigte statt Solidarität gegenseitige Abschottung und Schuldzuweisung, Europa »renationalisiere« sich da oder verbaue sich, wo man noch gar nicht mit einer Transnationalisierung recht begonnen habe, den Weg in die einst ersehnte gemeinsame Zukunft. Wenn der Zorn des nationalisierten Diskurses sich nicht direkt gegen die Flüchtlinge richtet, auch nicht gegen die Verhältnisse in den Herkunftsländern (man ahnt, dass die Fragen nach Schuld und Mitschuld besser unterbleiben), dann richtet er sich gegen die egoistischen und unkooperativen Nachbarländer, und auch da darf die Rhetorik wieder ein wenig rauer werden. Nun erstaunt es uns gewiss nicht mehr, dass die Hetze gegen Flüchtlinge und die Hetze gegen »Europa« beständig aus denselben Quellen stammt.

Im Kern dieser Auseinandersetzungen freilich geht es um die Machtverteilung oder, mit anderen Worten, um die Hegemonie (und noch eine Schicht tiefer in der Architektur der Macht offenbar um die Neugestaltung des Souveräns). Dass Deutschland in der EU eine hegemoniale Stellung einnimmt, hat sich mittlerweile herumgesprochen. Man kann diese Aussage auch andersherum formulieren: An dem, was aus Europa geworden ist, ist die Stärke Deutschlands so sehr beteiligt wie die Schwäche anderer Nationen (oder auch anderer Gesellschaften, wie man es nimmt). Die Nationalisierung hat Deutschland gerade den ins Straucheln geratenen Volkswirtschaften aufgezwungen, nur scheinbar paradoxerweise in der Form eines Privatisierungszwangs. Auch in Griechenland – dem Leitthema der »nationalen Presse« vor dem »Flüchtlingsproblem« – wurde erzwungen, dass Markt und Staat gemeinsam einen Krieg gegen Gesellschaft und Bürger führen. Unter der Hegemonie Deutschlands ist Europa zu einem Projekt geworden, Gesellschaften und Staatsbürger zu entmachten, um Wirtschaft und Nation zu stärken. Denn nur die Nation kann Maßnahmen gegen eine Gesellschaft und ihre Produktivkraft durchführen. Und man muss kaum noch einmal auf die Umwandlung des italienischen Mare-Nostrum-Einsatzes in die europäische Triton-Operation der Frontex-Agentur erinnern, um zu erkennen, dass »Europäisierung« nicht mehr Erweiterung und Verbesserung, sondern Reduktion und Verschlechterung eines humanitären Einsatzes bedeutet. Wäre dieser Vorgang eine Metapher, so hätten wir wohl auch den Weg des gesamten europäischen Projektes vor Augen.

III. NEUES DEUTSCHLAND, GANZ DAS ALTE?

Im Ziel einer Nationalisierung möglichst vieler Diskurse, Projekte und Legitimationen sind sich der postdemokratische Staat und der halbfaschistische Untergrund der völkischen Bewegungen vollkommen einig. Allerdings muss sich die postdemokratische Regierung als Nation in Bezug zu anderen Nationen definieren, während der völkische Untergrund überhaupt nur noch die eigene Nation erkennen mag. (Die Folgen kennen wir vom historischen Faschismus: Die nationale Mordlust kommt am Ende nicht ohne Angriffskrieg aus, und da werden bald die Gauck'schen Gelegenheiten, »zur Waffe zu greifen«, nicht mehr ausreichen. Schon erklärt der nordrhein-westfälische AfD-Landesvorsitzende Marcus Pretzell: »Die Verteidigung der deutschen Grenze mit Waffengewalt als Ultima Ratio ist eine Selbstverständlichkeit.«[13] Wird da auf unbewaffnete Flüchtlinge präventiv zurückgeschossen? Verteidigt man sich mit Waffengewalt gegen Hungernde, Kinder und Entkräftete?) Daher wird tatsächlich die »Verteilung der Flüchtlinge«, von der nun unentwegt die Rede ist, nach der »Verteilung der Lasten«, zu einem nationalen Problem im doppelten Sinn. Die Nationen in Europa versuchen, sich durch diese Verteilung der Flüchtlinge gegenseitig zu schwächen und zugleich im Inneren zu festigen. Die Flüchtlinge werden dabei zu einem inneren wie zu einem äußeren Spekulationsobjekt. Sie belasten einerseits kurzfristig nationale Versorgungssysteme und bringen möglicherweise Unruhe in die kontrollierten Nationalisierungsprozesse und die Verwandlung von demokratisch bestimmten Regierun-

HASS UND HOFFNUNG

Die Berliner AfD-Vorsitzende Beatrix von Storch korrigiert sich: Kinder »nein«, Frauen »ja«

gen in autokratische Herrschaftsverhältnisse. Sie liefern andererseits ein neues Heer von billigen und willigen Arbeitskräften. Sie stellen die nationalen und ökonomischen Kontroll- und Überwachungssysteme vor neue Aufgaben. Sie werden entscheidend den Immobilienmarkt beeinflussen, insofern »billiger« Wohnraum benötigt wird, der nur durch staatliche Investition oder durch Umwidmung und Abwertung zu erzielen ist. So verändern sich die zyklischen Abfolgen von Verslumung und Gentrifizierung. Die Flüchtlinge sind von den Diskurs- und Geschmacksmaschinen noch nicht abhängig, in die sich die alten Bürger und Konsumenten willig eingestöpselt haben. Sie werden das System von Export und Binnennachfrage beeinflussen. Sie werden, gezwungenermaßen, Aspekte einer Parallelwirtschaft entfalten. Produktivität und Kreativität dieses neuen Potenzials von gegenwärtigen und zukünftigen Arbeitskräften stellen eine Wirtschaft in Frage, die mittlerweile stark ihre eigene Virtualisierung betreibt. Natürlich gerät die Wirtschaft erneut unter Wachstumsdruck, was einige der mühsam erzielten ökologischen Kompromisse gefährdet. Und vieles mehr.

Im September 2015 erklärte Daimler-Chef Dieter Zetsche, es gebe rosige Aussichten auf »ein neues Wirtschaftswunder«, und der Chefvolkswirt der Deutschen Bank bescheinigte Angela Merkel für ihre Flüchtlingspolitik, eines Tages zu den »großen Staatsführern« gezählt zu werden.[14] Im Monat darauf hörte sich das schon ganz anders an. Die Flüchtlingskrise sei, hieß es nun, »ein Investitionsrisiko«, und nach einer Forsa-Umfrage waren 73 Prozent der wirtschaftlichen »Führungskräfte« überzeugt, eine »Belastungsgrenze« sei mit einer halben Million Flüchtlinge im Jahr erreicht. Offensichtlich brechen sich die Hoffnungen auf billige Arbeitskräfte und den Ausgleich der »demografischen Katastrophe« an den Rechten der Zuwanderer. Im Jahr 2012 entschied das Bundesverfassungsgericht, dass Asylbewerber den gleichen Anspruch auf Deckung des »soziokulturellen Existenzminimums« haben wie »Einheimische«. (Dieses Urteil wird durch die neuen Gesetze wie das »Entlastungsbeschleunigungsgesetz« allerdings wieder massiv unterlaufen.) »Bundesagentur für Arbeit prognostiziert:

81 Prozent haben keine formale Qualifikation«[15], so titelt die FAZ und gibt damit in der Tat eine Art Stimmungsumschwung in der deutschen Wirtschaft wieder.

Was also ist zwischen der Euphorie für einen neuen Konjunkturaufschwung und ein »neues Wirtschaftswunder« durch die Flüchtlinge und dem Einschwenken auf die Linie der Ablehnung geschehen (sieht man vom Dispositiv des Mainstreaming ab, denn auch »Wirtschaftsbosse« wollen nicht »anders« denken und sein)? Vielleicht die Erkenntnis, dass das neue Wirtschaftswunder gar nicht so sehr im Sinne der Finanzkapitalisierung funktioniert hätte, sondern viel eher als Aufschwung eines Konsumgüter- und Dienstleistungskapitalismus. Man kann es nun auch von dieser Seite aus sehen: Das »Wirtschaftswunder«, das mit den Flüchtlingen kommen könnte, wird gar nicht gewünscht. Denn so wie die postdemokratische Regierung kein Interesse an einer neuen Stärkung der Zivilgesellschaft hat (es könnten neue Parteien, neue Diskurse, neue Allianzen entstehen) so hat die »ökonomische Elite« kein Interesse an einer »nachwachsenden« Ökonomie.

Die rassistischen Reaktionen auf die »Kölner Silvesternacht« haben die politischen Koordinaten noch mal deutlich verschoben. Mittlerweile geht es nicht mehr um die Frage, *ob*, sondern *wie* man die Flüchtlingszahlen möglichst schnell und möglichst drastisch reduzieren kann. Im herrschenden Block an der Macht stehen sich dabei zwei Positionen gegenüber. Die Seehofer-Fraktion fürchtet, dass durch die fortgesetzte Zuwanderung von Flüchtlingen – wie Thilo Sarrazin es formuliert – »Deutschland

III. NEUES DEUTSCHLAND, GANZ DAS ALTE?

außer Kontrolle« gerät[16], oder sieht »die Handlungsfähigkeit des Staates bedroht« (Joachim Gauck beim Wirtschaftsforum in Davos am 18.1.2015[17]), wenn Deutschland die Grenzen nicht dichtmacht. Die »aufgeklärtere«, aber nur auf den ersten Blick weniger gnadenlos erscheinende Merkel-Linie (hinter der wir die dominanten exportorientierten Kapitalfraktionen vermuten dürfen) indes will nicht die deutschen, sondern – das scheint allerdings der kompliziertere und langwierigere Weg zu sein – die europäischen Außengrenzen effektiver abschotten (welche Konsequenzen dies für die Flüchtlinge hätte, können wir uns ausmalen) und die Flüchtlinge in Europa »gerechter« verteilen. Dass die Merkel-Fraktion hartnäckig an der Ablehnung von Obergrenzen und Grenzkontrollen festhält, liegt daran, dass sie die fundamentale Bedeutung der offe-

CDU-Wahlplakat von 1974

nen Grenzen im Schengenraum für einen reibungslosen Fluss von Waren und Arbeitskräften im Blick hat: 1,7 Millionen Menschen pendeln über Ländergrenzen zu ihrem Arbeitsplatz, täglich rollen Lkws mit mehr als einer Million Tonnen Waren über die deutschen Grenzen, und im Zuge der postfordistischen Just-in-Time-Produktion haben viele Unternehmen ihre Lagerhaltung gleich auf die Autobahnen ausquartiert. Kurz und knapp: »Schengen ist der Kern des Geschäftsmodells der deutschen Wirtschaft, die stolz auf den Titel Vize-Exportweltmeister ist.«[18]

Trotz der Differenzen sollte man nicht vergessen, was in der politischen Elite – von SPD bis CSU (und bis zu Teilen der Grünen) – Konsens ist und was sich in der Verabschiebung des »Asylpakets II« manifestiert. Mit einem Bündel menschenverachtender Gesetze soll die Möglichkeit geschaffen werden, noch mehr Flüchtlinge noch schneller abzuschieben: medizinische Gründe werden nicht mehr als Abschiebehindernis anerkannt, ein erheblicher Teil der Schutzsuchenden, die in »Aufnahmezentren« isoliert werden, wird per Schnellverfahren (die maximal eine Woche dauern sollen) »zurückgeführt«; und die Einschränkung des Familiennachzugs wird zur Folge haben, dass Angehörige – auch Kinder – die nicht selten tödliche Flucht über das Mittelmeer wagen werden, weil das Warten auf ein Visum aussichtslos ist – das wissen natürlich auch die Politiker der Großen Koalition, deren Empörung über die Schießbefehl-Rhetorik aus der AfD-Spitze deshalb nur als pure Heuchelei bezeichnet werden kann.

III. NEUES DEUTSCHLAND, GANZ DAS ALTE?

8.

Die völkisch-nationale Bewegung gegen die Flüchtlinge bricht bewusst den Diskurs, um vorzugsweise dispositive Bilder zu verbreiten. Man diffamiert sozusagen nicht allein den politischen Gegner (den »Gutmenschen«, der zum Volksverräter werden muss), man diffamiert das semantische »Schlachtfeld«, auf dem man sich ihm stellen müsste. Und damit entbindet man sich selbst von den Regeln des fairen Diskurses, kann sich aber zugleich als Opfer eines »linken Meinungsterrors« inszenieren. Ein »Argument« ist für die Gegenseite in dieser Strategie nicht nur vollkommen unbrauchbar, es wird automatisch zu einem Beweis für diesen angeblichen Meinungsterror, oder aber, wenn es besonders anschmiegsam daherkommt, schon als halbe Zustimmung und jedenfalls als Aufwertung der eigenen Position gewertet.

Die Forderung, mit den Anhängern von Pegida zu reden, ist eher dem Prinzip Talkshow als dem Prinzip Demokratie verpflichtet. Sie lässt sich leichter aus den Gesetzen der Medienökonomie erklären als aus dem aufklärerischen Diskurs. Der, vielleicht, begänne mit der Frage: Wer soll da mit wem auf welche Weise worüber sprechen?

Die Grundlage eines demokratischen Gesprächs ist so einfach wie schwer zu erfüllen: Dass man einander auf Augenhöhe begegnet, dass man einander politisch ernst nimmt. Und schon hier beginnt das Dilemma: Wer mit Pegida-Anhängern auf eine demokratische Weise sprechen wollte, müsste ihre Parolen, ihre hetzerischen

Narrative, ernst nehmen. Das hieße aber, mit jemandem reden, der die Basis humanistischer und demokratischer Kultur dezidiert verlassen hat. Das Gespräch würde sich wegen der schieren Bösartigkeit der Gesprächspartner verbieten. Dieser Widerspruch aber wird in der Regel verwischt mit dem Hinweis »Die meinen es gar nicht so«. Es sind, nach dem allgemeinen Polit-Blubber, »Bürgerinnen und Bürger, um deren Sorgen und Nöte man sich kümmern muss« und die unglücklicherweise nur falsche Antworten auf richtige Fragen finden und rechtspopulistischen Rattenfängern in die Hände fielen. Gleichviel ob diese Vorstellung der Wirklichkeit entspricht oder nicht, es würde jedenfalls die Grundlage für ein demokratisches Gespräch vernichten, nämlich eben die Notwendigkeit, einander ernst zu nehmen. Ein solches Gespräch ähnelte dann eher der Beschwichtigungsrede gegenüber einem aggressiven Betrunkenen. Umgekehrt wäre ein Gespräch mit Pegida-Anhängern nur dann sinnvoll, wenn diese wiederum bereit wären, ihr demokratisches Gegenüber als gleichberechtigt politisch ernst zu nehmen. Die Rhetorik und Inszenierung der Pegida-Aufmärsche lässt indes keinen Zweifel daran, dass genau das nicht der Fall ist.

Wenn es also kein demokratisches Sprechen mit Pegida gibt, wären dann nicht andere Formen des Miteinander-Redens möglich und notwendig? Denn natürlich dürfen wir jedes Gespräch als willkommen ansehen, das geeignet wäre, eine politische Gewalttat, eine Eskalation der Konflikte zu verhindern. Nun ist es indes ja nicht so, dass wir in einem kommunikationsfreien

III. NEUES DEUTSCHLAND, GANZ DAS ALTE?

Raum miteinander leben; so etwas gibt es gar nicht. Pegida und Demokratie sprechen durchaus miteinander, in sehr verschiedenen Sprachen. In Bildern, in Narrativen, Parolen, in Internet-Chats, in der Besetzung von öffentlichen Räumen. Auch in Form von Justiz, Kritik und Diskurs. Da ist niemand dem anderen ein Geheimnis. Doch da steht eine völkisch-nationale gegen eine humanistisch-demokratische Einstellung. Was wäre das erhoffte Ziel eines Miteinander-Redens? Kompromisse? Einsichten? Verständnis?

Das Gesprächsangebot geht wegen der Unvereinbarkeit der Ausgangspunkte ins Leere. Die Antwort auf die erzwungene Migration dieser Tage kann für demokratische, aufgeklärte und humanistische Menschen nur in einem Miteinander von sub-nationalen (kurz gesagt: menschlichen) und trans-nationalen Impulsen (kurz gesagt: einer globalen Solidarität) bestehen, für Pegida-Anhänger besteht sie, um das Mindeste zu sagen, nur in der extremen Nationalisierung. Daher könnte man ein Gesprächsangebot an Pegida durch Politiker auch als Versuch verstehen, die eigene Unentschlossenheit in dieser Frage zu verschleiern.

Die Strategie, die sich gegen das Auseinanderbrechen der Gesellschaft in den völkisch-nationalen, den korrupt-neoliberalen und den liberal-zivilgesellschaftlichen Teil entfaltet, ist, hilflos genug im Einzelfall, die Suche nach einem Kompromiss. Seine medial-mythische Gestalt sieht etwa so aus: Deutschland hat »bewiesen«, dass es ein menschliches Gesicht in der »Willkommenskultur« zeigt, es hat damit Vorbildcharakter für andere europäische Gesellschaften angenommen. Gleichzeitig aber sei man sich der Tatsache bewusst, dass es eine Grenze der »Aufnahmekapazität« gebe und eine »Überforderung« eintreten könne (einschließlich des besagten »Kippens der Stimmung«) und sich die Nachbarländer stärker an den Lasten beteiligen müssten. So also wären die Auseinandersetzungen um die Flüchtlingspolitik nicht etwa Ausdruck dieser Spaltung der Gesellschaft, sondern vielmehr das »Ringen« um diesen Kompromiss. Am besten wäre dann eine »stillschweigende Duldung«: »Keine Schilder mit ›Welcome‹, keine Schilder mit ›Ausländer raus!‹«, lobte der Bürgermeister Rupert Troppmann von Neustadt an der Waldnaab, wo ein Flüchtlingsheim angezündet wurde.[19]

Aber selbst solch ein Kompromiss, übel genug, kommt in der aktuellen völkisch-national bestimmten deutschen »Parallelgesellschaft« nicht mehr wirklich an. Es entstand hier nicht nur ein eigener medialer Zusammenhang, hauptsächlich in den elektronischen Medien, sondern eben auch eine eigene Sprache. Aus der ursprünglichen Konstruktion, etwas Besseres zu sein und deswegen auch Besseres zu verdienen, ist nach dem Scheitern der Triade von Wohlstand, Nation und Demokratie ein unbedingter und in jeder Form zu realisierender Wunsch geworden, »unter sich zu bleiben«. Daher war es für diese neue Konstruktion von »Identität« so wichtig, die »Lügenpresse« auszuschließen, denn sie verbreitet eben nicht nur »Unwahrheiten«, sondern ist auch der »Agent« der abgelehnten, »weichen« Gesellschaft der »Gutmenschen«, Volksverräter und Humanitätsdusler.

III. NEUES DEUTSCHLAND, GANZ DAS ALTE?

Über all dem steht eine Sprache der Militanz. Es ist nicht zu übersehen, dass neben den Pegida-Führern wie Lutz Bachmann auch die Vertreter der »Neuen Rechten«, die sich ihnen als intellektuelle Vordenker andienen, mehr oder weniger offen Gewalt propagieren. Götz Kubitschek, Herausgeber der *Sezession*, verlangt von den Anhängern, »auf eigene Faust« Grenzzäune zu errichten, und preist eine »Stadteroberungsstrategie«; und Jürgen Elsässer fordert den »Schritt vom Protest zum Widerstand«. Der Bruch mit der demokratischen Zivilgesellschaft, den wir als rhetorische und dispositive Geste beschrieben haben, kippt hier in die Rhetorik des offenen Bürgerkriegs.[20]

Das Weiche und das Harte – auch dies ist Teil einer psychopolitischen Auseinandersetzung. Die beiden Begriffe werden, wie »Volk« und »Grenze«, zu magischen Polen des Kampfes um die »Kipppunkte«. Thomas de Maizière etwa fordert »harte Entscheidungen«. Die beiden rasch vorgelegten Gesetze – das »Asylverfahrensbeschleunigungsgesetz« und das »Entlastungsbeschleunigungsgesetz« – werden von einer breiten politischen und medialen Mehrheit getragen. Deren Zumutungen scheinen auch den Vertretern einer »halb-weichen« Linie akzeptabel, offenbar, weil auch sie die »Überforderung« und das »Umkippen der Stimmung« um jeden Preis verhindern wollen. Man akzeptiert offenbar einen Bruch mit humanistischen Grundregeln, um die »harte Seite« zu beschwichtigen. Die Bürgerkriegsdrohung wird zugleich ernst genommen und verschleiert.

Die »halb-weiche« und »halb-harte« Strategie ist in Wahrheit kein Kompromiss, sondern eine Maskierung. Und in den meisten nationalen »Demokratien« Europas scheint evident, dass sich die »harten« Linien durchsetzen werden. Die Europäisierung des »Problems« läuft nicht auf eine solidarische Aufnahme- und Willkommenskultur hinaus, nicht auf die Einigung auf humanitäre Mindeststandards, sondern stattdessen auf eine »Sicherung« der Außengrenzen. Genau dies aber bricht sich an der nächsten Unmöglichkeit. Selbst die »härteste« Sicherung der europäischen Grenzen kann die Flüchtlinge nicht wirklich aufhalten. Und wie soll »Abschreckung« gegenüber Menschen funktionieren, die ganz einfach nichts mehr zu verlieren haben? Oder, um CSU-Entwicklungsminister Gerd Müller zu zitieren: »Wir haben unseren Wohlstand auf dem Rücken der Entwicklungsländer aufgebaut. Das wird nicht mehr lange gut gehen. Diese Spannungen entladen sich. [...] Die Menschen werden uns nicht fragen, ob sie kommen können.«[21] Es ist mithin eine Illusion zu glauben, durch Kompromisse die Fraktion der »Härte« zu einer humanistischeren Haltung bewegen zu können, und genau so ist es eine Illusion, dass eine Politik der »Härte« das »Flüchtlingsproblem« lösen könnte. Die einzige Lösung wäre die Schaffung einer europäischen Demokratie (die diesen Namen verdient), die zwei große Projekte auf den Weg bringen müsste: die menschenwürdige Aufnahme der Flüchtlinge, einschließlich der Anerkennung der Mitschuld an der Erzeugung der Zustände, die sie zur Flucht getrieben haben, und ein radikaler Politikwandel gegenüber den Regionen der Welt, die man bedenkenlos dem ökonomischen Interesse unterworfen hat. Beide Ziele wären nur zu erreichen, wenn man die Flüchtlinge als »neue Europäer« akzeptiert und sie mit allen Rechten und Pflichten als Bürger und Menschen ausstattet. Nicht einmal jene Teile der politischen Kultur in Europa, die sich einst als Alternative, als Verteidiger von Toleranz, Freiheit und Zivilgesellschaft aufstellten, die ökologischen, liberalen und linken »Fundis«, die sich so rasch in »Realos« verwandelt haben und beinahe ebenso rasch in verlässliche Garanten des Machterhalts im Status quo, konnten sich zu einer solchen Programmatik durchringen. Der Souverän in Europa bewegt sich unaufhaltsam in die Richtung von Nationalismus, Rassismus, Post- und Antidemokratie, neoliberaler Kapitalisierung und dispositivem Opportunismus. Der Ausnahmezustand wird zum Prinzip, der Homo sacer weiter entrechtet und zum »nackten« Objekt der Macht, die Demokratie der Nation und der Mensch dem Volk geopfert.

Anmerkungen

1 Steven Vertovec: Deutschlands zweite Wende. In: Wissenschaftsmagazin der Max-Planck-Gesellschaft, 3/2015.
2 Wobei die »Willkommenskanzlerin« indes Ende Januar 2016 in Bezug auf die Syrienflüchtlinge klarstellte: » Wir erwarten, dass, wenn wieder Frieden in Syrien ist und wenn der IS im Irak besiegt ist, dass ihr auch wieder, mit dem Wissen, was ihr jetzt bei uns bekommen habt, in eure Heimat zurückgeht.« Zitiert nach: www.spiegel.de/politik/deutschland/angela-merkel-viele-fluechtlinge-sollen-mittelfristig-zurueckkehren-a-1074867.html.

3   Eric Hobsbawm / Terence Ranger: The Invention of Tradition. Cambridge 1992.
4   Michael Hanfeld: Kopflos in die Flüchtlingskrise. FAZ.net, 22.10.2015. www.faz.net/aktuell/feuilleton/zdf-kopflos-in-der-fluechtlingskrise-13885349.html.
5   Vgl. auchStefan Niggemeier: www.stefan-niggemeier.de/blog/21855/unglaublich-so-macht-focus-online-stimmung-gegen-fluechtlinge/.
6   Zitiert nach: Guy-Pascal Dorner: Ein Pastor als Hetzer. In: Kontext: Wochenzeitung, 14.10.2015. www.kontextwochenzeitung.de/gesellschaft/237/ein-pastor-als-hetzer-3187.html.
7   www.pi-news.net/2015/09/vater-des-toten-fluechtlingskindes-lebte-in-tuerkei-und-wollte-fuer-neue-zaehne-nach-europa/. Dort finden sich dann Kommentare wie dieser: »Ich habe gelesen, dass der Kerl eine Rettungsweste trug, Frau und Kinder, die ja auch ertranken, aber keine hatten!?! Welch ein ›treusorgender‹ Vater? Das muss Linken doch die Tränen in die verlogenen Augen treiben.« Was man tut, was man erfindet, nur um hassen zu dürfen …
8   Hilmar Klute: Heimatabend. In: Süddeutsche Zeitung, 28.10.2015, S. 3.
9   Wer sich für die Beziehung von Deutschpop, Nationalismus und Rechter interessiert, kann eine Sendung der Autoren im BR nachhören: »Wie deutsch kann Pop sein?« www.br.de/radio/bayern2/sendungen/zuendfunk/kolumnen-sendungen/generator/wie-deutsch-kann-pop-sein-100.html.
10 Zitiert nach: konkret 11/2015, S. 4.
11 Zitiert nach: www.faz.net/aktuell/politik/fluechtlingskrise/australiens-fluechtlingspolitik-der-hohe-preis-der-totalen-abschottung-13885398.html.
12 In: konkret 11/2015.
13 Zititert nach: www.spiegel.de/politik/deutschland/afd-politiker-pretzell-zur-not-fluechtlinge-mit-pistole-stoppen-a-1060572.html.

14 Zitiert nach: Kolja Rudzio / Mark Schieritz: Die Bosse gehen auf Distanz. In: Die Zeit 44/2015, S. 25.
15 Fast ein Fünftel mehr Flüchtlinge beziehen Hartz IV. In: FAZ, 31.10.2015, S. 19.
16 Zitiert nach: Passauer Neue Presse, 18.1.2015.
17 Zitiert nach: www.tagesspiegel.de/politik/bundespraesident-beim-weltwirtschaftsforum-in-davos-gauck-ueber-zuwanderung-begrenzung-hilft-akzeptanz-zu-erhalten/12854946.html.
18 Rheinische Post, 18.1.2015.
19 Vgl. Steffi Unsleber: Die Stadt und die Flammen. In: taz, 31.10./1.11.2015, S. 17.
20 Pegida-Frontfrau Tatjana Festerling auf einer Legida-Veranstaltung am 18.1.2015: »Wenn die Mehrheit der Bürger noch klar bei Verstand wäre, dann würden sie zu Mistgabeln greifen und diese volksverratenden, volksverhetzenden Eliten aus den Parlamenten, aus den Gerichten, aus den Kirchen und aus den Pressehäusern prügeln.« Zitiert nach: www.faz.net/aktuell/politik/inland/pegida-aktivistin-festerling-radikaler-geht-s-nicht-14021313.html.
21 Zitiert nach: www.faz.net/aktuell/politik/fluechtlingskrise/entwicklungsminister-mueller-erst-zehn-prozent-der-fluchtwelle-ist-bei-uns-14006319.html.

IV. Der bayerische Weg: Sonderfall oder Modell?

Wir haben gesehen, dass Politik nicht nur für oder mehrheitlich gegen die Flüchtlinge gemacht wird, sondern dass Politik in Europa auch und gerade mit den Flüchtlingen gemacht wird, mit dem Körper des Flüchtlings als Homo sacer als Zeichen des permanenten Ausnahmezustands, mit den »Fluten« der Flüchtlinge als Legitimation von Grenze, Mauer und Abschreckung, mit der Metapher des Flüchtlings als Futter für den Identitätswahn von »imaginierter Gemeinschaft« und »erfundener Tradition«, mit der Selektion und der »Integration« des Flüchtlings als Mästung neuer bürokratischer Ungeheuer usw. Nun wird es Zeit, an einem Beispiel zu zeigen, wie »Flüchtlingspolitik« und »Identitätspolitik« als Instrumente missbraucht werden, um Vorteile im langen und längst schon »deregulierten« Kampf um die Verteilung von Souveränität im gescheiterten Europa zu erzielen.

1.

Die Geschichte der Bundesrepublik Deutschland (nicht erst) nach der Wiedervereinigung ist nicht vollständig zu verstehen, ohne dass man neben den Ungleichheiten und Ungleichzeitigkeiten zwischen Ost und West auch die Sonderrolle Bayerns – als Bundesland, aber auch als gesellschaftlichen und kulturellen Zustand – in den Blick nimmt. Es ist ein Land, das immer wieder mit separatistischen Impulsen koket-

IV. DER BAYERISCHE WEG

tiert, nur um im Gegenzug für das Wohlverhalten weitere Zugeständnisse zu erhalten. Der Ausdruck und das Instrument dieses Changierens zwischen Mitarbeit und Obstruktionismus in der nationalen Demokratie ist eine Partei namens CSU, die zugleich mit einer Schwesterpartei namens CDU verbunden ist, aber beständig auch auf Eigenständigkeit pocht, je nach Interessenlage.

Entsprechend wurde diese Partei zu einer Institution eher als einer Option im »Freistaat«; sie wird zwar in weitgehend freien Wahlen bestätigt, aber dass sie irgendwann einmal in Bayern nicht die Regierung stellen könnte (in argen Zeiten mit einem kleinen Koalitionspartner, wenn es sein muss), ist nicht wirklich vorstellbar. Es gilt also in diesem Staat ein etwas anderes Demokratieverständnis als im Rest der Republik, was die Mehrheit mit Stolz, eine Minderheit mit ironischer Melancholie erfüllt. In Bayern ist die Opposition ins Kabarett abgewandert.

Aber dieser bayerische Sonderweg, der sich auch in besonderen Beziehungen zwischen großen Sportvereinen, Politik, Wirtschaft und Kultur äußert (man prägte das Wort »Spezlwirtschaft« für diesen Zusammenhang, um auszudrücken, dass man sich auf persönliche Beziehungen und den Austausch von Gefälligkeiten mehr verlassen sollte als auf formales Recht und gute Sitten), hat mitnichten nur komische, folkloristisch maskierte und mentalitätsgeschichtlich grundierte Züge, er ist für den Rest der Republik immer zugleich bedrohlich und stabilisierend. Die Sonderstellung Bayerns in Deutschland ist kein kulturelles Phänomen, sondern Folge eines politisch-taktischen Kalküls.

Auch hinsichtlich der großen Veränderung, die Deutschland durch die Flüchtlingsbewegungen in diesen Jahren erlebt, hat Bayern seine Sonderrolle, so scheint es, nicht nur wiedergefunden, sondern reizt sie bis an die Belastungsgrenzen aus: »Flüchtlingspolitik« ist in Bayern seit den Tagen nach dem Zweiten Weltkrieg, als die Flüchtlinge aus dem Osten ins Land kamen und hier nur widerwillige Aufnahme fanden, immer auch eine Art von Identitätspolitik. Bayerisch-Sein ist eine dialektische Beziehung zum Rest Deutschlands und der Welt, das gleichzeitige Dabei- und Dagegen-Sein; sie offenbart sich in einer scheinbar freundlichen, gar touristisch-einladenden, folkloristischen Inszenierung an der Oberfläche und in einer fundamentalen Exklusion des Fremden nach dem Motto des »Mia san mia«. Wer will, kann Wurzeln dieser Identität in der Geschichte des Landes finden, in der es Fremdherrschaft und Hegemonie gegeben hat (an die mittlerweile ebenfalls nur noch folkloristisch-ironisch der »Preußenhass« erinnert) und nicht wirklich eine heroische Gründungslegende. So kann sich die »bayerische Identität« nur als verkaufte und als bedrohte empfinden. Und dass die im Rest der Republik gepflegte Unterscheidung zwischen Heimatliebe und Nationalgefühl hier so nicht stattfindet, drückt sich in einem »Heimatminister« aus, der sich in Gestalt von Markus Söder weniger um das Wohlbefinden der Menschen in diesem Land als um die Bündelung von Aggressionen kümmert.

IV. DER BAYERISCHE WEG

2.

Es gibt, was die territoriale Verteilung von Willkommenskultur und Fremdenfeindlichkeit anbelangt, zwei sehr einfache Erzählungen, die indes, wie alle einfachen Erzählungen, einem genaueren kritischen Blick nur bedingt standhalten. Die Erzählung von der Fremdenfeindlichkeit und der oft erschreckend empathielosen Ablehnung im Osten ist zentriert um ein Verlierersegment in den härter und härter werdenden Verteilungs- und Überlebenskämpfen unter den Bedingungen des Neoliberalismus. Es seien, so sagt diese Erzählung, die Verlierer der Einheit, die sich verzweifelt an eine nationale Identität klammerten, wo ihnen der Anteil an Wohlstand und Karriere schon so sehr missgönnt wurde. Es seien überdies Menschen, die

»Gemeinsam schaffen wir's«: CSU-Wahlplakat aus den 1950er Jahren

in der Zeit der DDR nie an ein Zusammenleben unterschiedlicher Kulturen und an alltägliche Toleranz gewöhnt wurden, was sich unter anderem darin zeige, dass die Fremdenfeindlichkeit dort am größten ist, wo es gar keine oder kaum »Fremde« gibt.

Bayern aber, so die zweite Erzählung, das ist der Rassismus und der Nationalismus der Gewinner, eine Missgunst und ein Neid nach unten, den wir aus der Geschichte dieser Region kennen: Auch nach dem Zweiten Weltkrieg hat man es hier den Flüchtlingen nicht gerade leicht gemacht, hat nur widerwillig Raum und Reichtum mit ihnen teilen wollen. Wo im Osten die Lebensängste von Hartz-IV-Empfängern sich mit der dumpfen Aggression rechtsextremer oder wenigstens rechtspopulistischer Strömungen kreuzten, da sei die hartherzige oder, man denke an Markus Söders Sentenzen nach den Anschlägen vom 13. November 2015 in Paris (»Paris ändert alles. Wir dürfen keine illegale und unkontrollierte Zuwanderung zulassen.«), reichlich perfide Taktik im Grenzland zu Österreich dem Unwillen Besserverdienender zuzuschreiben, ihren Wohlstand auch nur ein wenig mit Bedürftigen zu teilen. Wer in Bayern gegen Flüchtlinge, »Asylanten« und »Fremde« hetzt, der tut es nicht so sehr aus Angst um Arbeitsplatz und Sicherheit, sondern aus Sorge um den Wert seiner Immobilie und den Standard seiner Lebensqualität. Eine »Erzählung«, wie gesagt. Sie kommt nicht von ungefähr.

Die deutsche Gesellschaft wird, wenn die Flüchtlinge aufgenommen, gesellschaftlich integriert und als

IV. DER BAYERISCHE WEG

Bürgerinnen und Bürger akzeptiert sind, eine andere sein als vorher. Wenn die Zivilgesellschaft daran scheitert, und Vorboten eines solchen Scheiterns kennen wir zur Genüge, dann wird es eine noch aggressivere, noch verängstigtere und noch ungerechtere Gesellschaft sein als ohnehin.

Und eben auch die bayerische Gesellschaft, die sich von alters her etwas auf ihre einzigartige Mischung aus Konservatismus und Liberalität zugutehält (zu Recht oder zu Unrecht), wird, wenn sie ihren Anteil an der Integration und Emanzipation der neuen Mitbürgerinnen und Mitbürger übernimmt, eine andere werden. Zu einem gewissen Grade nämlich würde sie, und vielleicht stoßen wir hier schon auf eine andere Wurzel des besonderen, bayerischen Weges zur Enthumanisierung der politischen und sozialen Begegnung mit den Flüchtlingen, auf einen Teil der Sonderposition verzichten müssen. Gewiss nicht in dem folkloristischen Sinne des »Da bin i dahoam«, das der Bayerische Rundfunk seit Jahr und Tag Menschen verschiedenster Herkunft vor der Fernsehkamera bekennen lässt, sondern im Sinne einer möglichen Verteilung von Macht und Einfluss. Um es einmal kabarettistisch zu überspitzen: Ab einer bestimmten Zahl von Fremden müsste Bayern fürchten, dass sich auch hier noch die Demokratie ausbreiten könnte. Weniger kabarettistisch gesagt: Es geht bei der Ablehnung »der Fremden« weniger um eine ökonomische Belastung als um die Gefährdung eines sehr speziellen Herrschaftsmodells, das in der deutschen Demokratie eingelagert ist.

Man kann in Bayern von einer konstitutionellen Demokratie sprechen. Das Volk ist der Souverän, aber nur pro forma. Es repräsentiert sich sozusagen, zum Beispiel auf dem Oktoberfest, und es wird dafür mit einem gewissen Glamour und mit der Befriedigung spezieller Ansprüche belohnt. Im Gegenzug überlässt es die eigentlichen Regierungsgeschäfte ebenso wie die ökonomischen Grundbedingungen den dafür geeigneten Institutionen. Statt demokratischer Kontrolle verlangt es den Souverän einer konstitutionellen Demokratie eher nach Teilhabe und Identifikation. Deswegen ist man weniger erbost darüber, was bei dem »Erfolgsverein« Bayern München und seinen Protagonisten an eigenwilligem Umgang mit dem Finanzkapital getrieben wird, als darüber, dass man es öffentlich herumreicht. Man will nicht wissen, welchen Schaden ein BMW in Umwelt und Verkehr anrichtet, man will, dass es »unsere« BMWs sind, die so erfolgreich im Rest der Welt unterwegs sind. Der konstitutionellen Demokratie entspricht mithin ein von Sozialneid weitgehend freies »Leben-und-Leben-Lassen« in der ökonomischen Praxis. Alles geht, solange es »unter uns« bleibt.

Der konstitutionellen Demokratie entspricht überdies ein »libertärer Paternalismus«. Man verlangt, wie es schon vor der Machtergreifung der Nazis einst im *Simplizissimus* karikiert war und wie es die Mutter in Fassbinders Beitrag zum Film *Deutschland im Herbst* formuliert, einen gutmütigen Diktator, einen volkstümlichen Herrscher. Einen, der einem die äußeren Einmischungen vom Hals hält und im Inneren eine Freiheit

IV. DER BAYERISCHE WEG

vor allem wirtschaftlicher Art in Form des Inruhelassens gewährt. Alle bayerischen Ministerpräsidenten, der eine mehr, der andere weniger, haben versucht, diesem Herrscherbild zu entsprechen, das die drei Kritierien erfüllt: Bayerische Identität durch ein »selbstbewusstes« und, wenn es sein muss, obstruktionistisches Auftreten im Bund und bei der Schwesterpartei CDU, Glamour und Folkore einer gemäßigt paternalistischen Herrschaft, die sich gerne einmal auch »Einmischung« verbittet und zeigt, »wer Herr im Haus ist«, Wohlstand durch eine bayerische Ökonomie, die sich von der gesamtdeutschen so unterscheidet wie die Demokratie.

Dieser bayerische Sonderweg kann nur institutionell weiterverfolgt und stabilisiert werden, wenn einige Voraussetzungen erfüllt sind: Es muss ein funktionierendes System von Inklusion und Exklusion geben. Das heißt, es sind sehr dezidierte Kontrollmechanismen entstanden, die bestimmen, wer es hier zu etwas bringen kann und wer nicht. Die inneren Widersprüche und Ungleichzeitigkeiten (Animositäten »landsmannschaftlicher« Art eingeschlossen) müssen zwischen »Altbayern«, Franken und Schwaben einigermaßen ausgeglichen werden, ebenso wie es gewisse Vergnügungen und Rituale gibt, in denen die Widersprüche zwischen den Ärmeren und den Reicheren aufgelöst sind.

Was in Bayern mehr als anderswo gelang (und zunehmend als Exportschlager gehandelt wird) ist ein Amalgam aus Jugend- und Traditionskultur, aus »rebellischer« und konservativer Attitüde, eine Pop-Folklore; man könnte, als Pendant zur konstitutionellen Demokratie, einen Konsens-Liberalismus ausmachen; Dirndl und Lederhose gehören zum Konsens-Code, dürfen aber popkulturell aufgepeppt werden. Das Bekenntnis zum Bayerntum darf auch in Rock-'n'-Roll-Form vorgebracht werden. Was Kunst, Literatur, Wissenschaft und, nun eben, Kabarett anbelangt: Man darf »an Bayern leiden«, und dies auch kundtun und ästhetisch oder theoretisch sublimieren, solange man nur nichts verändern will.

Zuzug und Abwanderung sind gleichsam ökonomisch reguliert, so dass geringere Arbeitslosigkeit, höhere Durchschnittslöhne, steilere Karrieren etc. zu einer Erfolgsbilanz führen, die freilich eben auch durch informelle Techniken der Abschottung erzeugt wird. Die Faustregel lautet wohl, möglichst viel Geld anzuziehen und möglichst wenige Menschen. Wie alle kleinen Bergvölker haben auch die Bayern gelernt, die Fremden möglichst gründlich auszuplündern, bevor man sie davonjagt.

Die Erfolgsgeschichte Bayerns hängt nicht nur mit einem mehr oder weniger geglückten Umbau von einer Agrargesellschaft in eine Industrieregion zusammen, sondern mehr noch mit einem Überspringen des krisenhaften Schwerindustrie-Komplexes. Man kam hier leichter in die postindustrielle und dienstleistungsorientierte Phase und musste weniger Altlasten und Krisenregionen verarbeiten (nicht, dass es keine solchen gäbe, aber man schaffte es, sie nicht ins Zentrum der Selbstidentifikation rücken zu lassen).

Eine institutionelle Partei wie die CSU kann das Dogma des Straußismus verwirklichen, dass es rechts von ihr keine nennenswerte Kraft geben dürfe. So ist zwar der gesamte Freistaat vergleichsweise »rechts«, aber die offen rechtsextreme Szene bleibt einigermaßen verhalten. Die institutionelle Partei hat zumindest auf dem Land tiefe Wurzeln in allen alltäglichen, administrativen, kulturellen und ökonomischen Prozessen, und sie ist dabei mehr durch ein Milieu als durch ein Programm verbunden (das Programm könnte lauten, die Verhältnisse sollten gefälligst so bleiben, wie sie sind). Das Spektrum zwischen rechts und weit rechts ist entsprechend groß.

Die Regierung einer institutionellen Partei in einer konstitutionellen Demokratie darf – oder muss sogar – drastischer vorgehen als anderswo. Justiz, Polizei und Bürokratie in Bayern stehen nicht unbedingt im Ruf besonderer Sensibilität oder auch nur durchgehaltener Verhältnismäßigkeit; so nimmt es nicht wunder, dass ein CSU-Politiker offenkundige Polizeigewalt gleichsam folkloristisch als »bayerische Art« des »Hinlangens« herunterspielen konnte.

Gewiss hat die katholische Kirche nicht mehr die Schlüsselrolle, die sie noch in die Nachkriegs- und Wirtschaftswunderzeit aus der »alten« bayerischen Gesellschaft herüberretten konnte. Doch nach wie vor gehört sie zu den Machtknoten in diesem Geflecht, denen, wie auch Teilen des bayerischen Adels und wie etlichen großen Brauereien, nicht nur diskursive, kulturelle, sondern auch territoriale Macht geblieben sind. Diese Machtknoten bestimmen weitgehend auch die ästhetische Verständigung; das Schloss, die Kirche und das Wirtshaus leben nicht nur als folkloristische und natürlich touristische *hot spots* weiter, sondern sie bilden auch drei Hauptdiskurse: Predigt, Stammtisch und Repräsentation, die in vielen Verständigungsformen weiterwirken, vielleicht ohne sich ihrer Provenienz gewahr zu sein. Der bayerische Paternalismus hat mithin seine eigene Semantik.

Der bayerische Ministerpräsident muss in seiner Person und in seiner Praxis der Machtausübung exakt dem Bild einer halbseparaten und halbintegrierten Region entsprechen, dem Code einer konstitutionellen Demokratie und einer paternalistischen Liberalität. So verkündete Horst Seehofer, er befinde sich in »einer Koalition mit dem Volk«, was ein bemerkenswertes Verständnis von repräsentativer Demokratie ist. Er machte dieses Projekt indes wahr, indem er auch Entscheidungen traf, die den »Wirtschaftsflügel« seiner Partei verstimmten, ebenso wie er zwanglos den Lederhosen- gegen den Laptop-Aspekt in seiner Region ausspielt. Und besser konnte man wohl dieses Gelegenheits-Spiel von deutscher Zugehörigkeit und bayerischer Autonomie nicht in Szene setzen als mit der Ankündigung, eigene Beamte zur eigenen Grenzsicherung einzusetzen: Der Flüchtling als wehrloses Opfer einer regionalistisch-halbseparatistischen Machtpolitik, nun schon am Rande einer administrativen, ja »militärischen« Eigenheit. Die Grenze ist nicht nur symbolisch, sondern durchaus auch rechtlich ein Schlüssel zur Definition von Macht, Souveränität und Autonomie.

Im Gegensatz zu den meisten anderen Regionen und Ländern in der Bundesrepublik Deutschland vermit-

IV. DER BAYERISCHE WEG

telt Bayern nicht eine linear gestaffelte Identität (man mag sagen: Ich bin zuerst Deutscher und dann Rheinland-Pfälzer, man mag auch sagen: Ich bin zuerst Hamburger und dann Deutscher), sondern eine doppelte, miteinander verschränkte Identität. Ich bin, mag man hier sagen, sowohl Bayer als auch Deutscher, doch in Teilbereichen schließt meine bayerische Identität meine deutsche Identität aus, und umgekehrt. So kann es geschehen, dass man in solchen Teilbereichen die anderen deutschen Länder eher als Ausland betrachtet, was keineswegs nur für den Bereich der Folklore- und Kulturpolitik gilt, sondern durchaus auch für den Bereich der Wirtschafts- und Verkehrspolitik. Der rhetorische Trick dabei, und genau dies wird nun wieder in der »Flüchtlingspolitik« angewandt, besteht darin, sich nicht als Ausnahme, sondern als Modell und »Vorreiter« zu inszenieren.

Über alledem schwebt als »Übervater« die Figur von Franz Josef Strauß, der nicht nur den Maßstab für die Popularität und für die Verfolgung »bayerischer Sonderinteressen« setzte, sondern auch für die Definition dessen, was ein politischer Führer der konstitutionellen Demokratie und des paternalistischen Liberalismus (sich) erlauben darf. Strauß entfaltete eine frühe Form dessen, was später als »Berlusconismus« die Geschichte der Postdemokratie bestimmen sollte. Diese Regierungsform, in der sich demokratische, ökonomische, mafiöse, paternalistische und populistische Elemente vermischen, wurde später zuweilen abgeschwächt oder modifiziert, dann wieder ein wenig verschärft, nie indes wirklich abgelegt. Wer in München auf einem »Franz-Josef-Strauß-Flughafen« landet, muss wissen, dass Rechtsstaat, Demokratie und kaufmännischer Anstand hier nur bedingt Geltung haben.

All das ist nur möglich, wenn sich die konstitutionelle Demokratie Regeln der inneren Zensur, der Kritikabschwächung, der einigenden Dispositive einschließlich durchaus drastischer rassistischer, sexistischer und nationalistischer Rhetoriken leistet: Dass der rechte Rand in der CSU integriert ist, muss offenbar immer wieder einmal performativ vermittelt werden. Die Partei hat dafür ihre Spezialisten, die allesamt, wie etwa Peter Gauweiler, auch mehr oder weniger gute Schauspieler sind.

Bayern ist, das sagt sich so leicht, »barock«. Das ist, historisch gesehen, einerseits die Ästhetik des Absolutismus und der Gegenreformation, und genau um diese beiden Vorstellungen geht es in der bayerischen »Art«. Um eine Macht, die identisch mit ihrem eigenen Bild ist, und um eine Form der Religion, die sich gegen die protestantische Subjekt- und Gemeinderelgion zur Wehr setzt, indem sie allerdings auch das eine oder andere davon übernimmt. Es ist die politische Ästhetik einer Verbindung der Künste zu Inszenierungen im öffentlichen Raum, aber, volkstümlicher gesehen, auch ein Genuss der »Üppigkeit«, was von der Architektur über die Küche bis zum erotischen Ideal reichen mag. Es ist die Suche nach einer Symmetrie in der Üppigkeit, immer am Rande der spätbarocken und manieristischen Auflösung.

IV. DER BAYERISCHE WEG

All diese Formen des eingebetteten Sonderstatus Bayerns, immer in fließendem Übergang von folkloristischer Unbestimmtheit zu zielgerichteten Mechaniken der Macht, »erklären«, dass man im »Freistaat« eine sowohl rhetorische als auch praktische Tradition in der »Abschreckung als Prinzip« gegenüber Flüchtlingen entwickelt hat. Der Pakt zwischen der institutionellen Partei des liberalen Paternalismus, der Ökonomie, die sich hier offener zum »Bazitum« bekennen kann, und dem Volk, das sich mit einer doppelten Identität nicht nur einen Wohlfühlbonus verschafft (man ist etwas Besseres und darf es sich daher etwas besser gehen lassen, zugleich pflegt man auch die wollüstige narzisstische Kränkung, alle Welt wolle das Bayerische beleidigen, und wenn wir noch so gute/teure Fußballmannschaften und Autos haben – Allmacht und Ohnmacht immer nahe beieinander), sondern auch ein weites Feld zwischen individuellem und kollektivem Egoismus und sozialer und nationaler Verpflichtung (von einer allgemein menschlichen gar nicht zu reden), dieser Pakt funktioniert nur über einen Schutzwall nach außen. Fremdenfeindlichkeit kommt daher nicht so sehr als gewalttätige Übersprungshandlung und in der bekannten »Sündenbock«-Funktion vor, sondern vor allem als dumpfe Institution, Gewohnheit und Konsens. Das Fremde wird nicht so sehr geopfert, es wird erstickt.

All das, natürlich, gilt für einen großen Teil der bayerischen Gesellschaft, und gilt für einen nicht unerheblichen Teil der Zivilgesellschaft in diesem Land auch wieder nicht. Wenn sich anderswo der Ungehorsam der

Gesellschaft gegenüber der Regierung in xenophober Gewalt zeigt, so zeigt sich der Ungehorsam der liberalen Gesellschaft in Bayern in Form einer Hilfsbereitschaft und Willkommenskultur, die der paternalistischen Regierung gar nicht recht sein kann. Die bayerische Identitätspolitik, die gleichsam Xenophobie zur Staatsräson erklärt, umfasst nicht die gesamte Gesellschaft.

Daher ist die Flüchtlingspolitik als aggressive Außenseite der Identitätspolitik für die bayerische Regierungsform auch nicht ohne Risiko. Glücklicherweise widersetzen sich ihr mehr Menschen, als für ihre reibungslose Durchsetzung spräche. Der anti-humane Ansatz und seine oft genug empörende Rhetorik lassen auch Menschen »aufwachen«, die sich ansonsten mit den Verhältnissen eingerichtet haben, nicht zuletzt solche, die von ihrem Hintergrund einen Auftrag von Nächstenliebe und Solidarität spüren. Auf die katholische Kirche zum Beispiel kann die bayerische Staatsregierung bei ihrer Flüchtlingspolitik nicht mehr unbedingt bauen; Widerspruch regt sich auch in Bereichen der Kultur und des Journalismus. Vielleicht ohne es beabsichtigt zu haben, setzt die bayerische Flüchtlingspolitik die Frage nach dem Funktionieren von Macht und Diskurs in diesem Freistaat auf die Agenda.

3.

Die Geschichte der Flüchtlinge in Bayern ist von Ressentiment und Verleumdung bestimmt. »Asylmissbrauch«, »Wirtschaftsflüchtlinge« und Ähnliches war beständig in der Rhetorik von Abschreckung und Ausgrenzung

IV. DER BAYERISCHE WEG

zu hören. Sie wurden bereits in den achtziger Jahren geprägt. In den neunziger Jahren, nach den Katastrophen im Balkan, war Bayern das Bundesland, das sich, mit genau dieser Rhetorik, am raschesten und rigidesten von den humanistischen Selbstverständlichkeiten abwandte. Damit vermittelte die Regierung genau das, was die rechte Fremdenfeindlichkeit dann aufgreifen konnte, nämlich dass Flüchtlinge vorwiegend »Betrüger« seien, die es nur auf unser Geld abgesehen haben, eine »Gefahr« und ein »Problem«.

Auch der Verbalradikalismus wurde hier stets besonders heftig gepflegt. Es ist noch nicht lange her, dass die CSU den Slogan »Wer betrügt, der fliegt« prägte, der in seiner drastischen Dummheit höchstens von »Kinder statt Inder« übertroffen wurde. Adressiert waren damit natürlich in erster Linie die vermeintlichen »Armutsmigranten« aus den Ländern des Balkan, immer aber war auch das eigene Volk gemeint, dem man eine starke Hand gegen die Fremden vorgaukelte. Was diese Rhetorik von vornherein ausschloss, war das, was man später »Willkommenskultur« nannte, zunächst aber einfach Zuwendung und Solidarität. Es war der liberale Paternalist, der seinem Volk sagte, er müsse und solle die Fremden nicht willkommen heißen. Die Konzentration auf den »Wirtschaftsflüchtling« und »Asylmissbraucher« weist erneut darauf hin, dass es offensichtlich um die Abwehr von Habenden gegenüber Nicht-Habenden geht. Als wäre der allgemeine Wohlstand des Bundeslandes, das ein Freistaat sein will, das Gefährdungsgut schlechthin. Aber auch das war »typisch bayerisch«, dass im Osten sich die neofaschistischen Horden gegen die Flüchtlingsheime stellten, während hier die Regierung selber einen solch drastischen Ton anschlug, um gleichsam vorauseilend die xenophobe Reaktion von Teilen der Bevölkerung zu integrieren, sie zu fördern, zu filtern und zu instrumentalisieren.

Diese Politik des xenophoben Mainstreaming schien in den neunziger Jahren erneut aufzugehen und sich in direkte gesetzgeberische Macht umzusetzen. Es waren die »Das Boot ist voll«-Kampagnen, die schließlich zum »Asylkompromiss« des Jahres 1993 führten, in dem das Grundrecht auf Asyl zum ersten Mal drastisch eingeschränkt wurde. Während in Hoyerswerda und Rostock die Unterkünfte angezündet wurden, plädierte allen Ernstes Staatssekretär Erich Riedl von der CSU für »asylantenfreie Zonen« in München. Ganze 7000 Asylbewerber hielten sich damals in der Hauptstadt auf, viele von ihnen in Turnhallen oder Fabriken. Erich Riedl, übrigens selber einer Flüchtlingsfamilie aus dem Sudetenland entstammend und eine Zeit Präsident des TSV 1860, den er fachgerecht in den Ruin trieb, während er selber mit Steuerhinterziehung und Waffengeschäften, nun ja, in Verbindung gebracht wurde, sprach offenbar jenem Teil der Bevölkerung aus dem Herzen, die sich von »Asylanten« belästigt und um die Immobilienwerte gebracht sahen.

Während man also nach »asylantenfreien« Zonen verlangte, stellte man die Flüchtlinge als Menschen, wenn überhaupt, zweiter Klasse aus, indem man sie in Container ausgerechnet auf dem Gelände des Münchner Oktoberfestes sperrte. Der symbolische Charakter dieser Geste war eindeutig genug. Es wurde offensichtlich bewusst das Bild jenes »Asylanten« erzeugt, der öffentliche Einrichtungen »besetzt«, zugleich aber von der fürsorglichen Obrigkeit eingesperrt und überwacht wird. Man muss weder Foucault-Leser sein noch Christoph Schlingensiefs Container-Aktionen erlebt haben, um zu begreifen, welche Wirkungen solche Inszenierungen von der Herabstufung von Menschen haben. Der öffentlichen Zurschaustellung entsprachen Demonstrationen Münchner Bürger, die ganz im Sinne des Erich Riedl forderten, dass ihr eigenes Stadtviertel »asylantenfrei« bleibe. Selten konnte man so einträchtig Rassismus, handfeste wirtschaftliche Interessen und die Lust am durch den Gegenstand des Hasses generierten Wir-Gefühl am Werk sehen.

Die Besonderheit der bayerischen Verhältnisse zeigte sich in dem großen Konsens dieses unmenschlichen Verhaltens. Nicht nur die CSU und der von ihr bediente Teil der Bevölkerung waren sich in der Ablehnung der Flüchtlinge einig, sondern auch der SPD-Bürgermeister der Stadt München, Georg Kronawitter, benutzte das Wort von den »Armutsflüchtlingen«, welche man nicht aufzunehmen gewillt war, und verlangte eine Änderung des Asylrechts. Auch damals übrigens entstand der Druck auf die regionalen Institutionen, weil sich die Regierungen sowohl in Bayern als auch in Berlin herzlich wenig um das Problem kümmerten. Das Durchreichen der Belastungen nach unten ist ein probates Mittel, den Unmut an der politischen und gesellschaftlichen Basis zu erzeugen, den man dann rhetorisch wieder aufnehmen kann. 1993 richtete die Stadt München ein eigenes Flüchtlingsamt ein und vollzog damit gleichsam »offiziell« die regionale Zersplitterung von Kompetenz und Verpflichtung. Die Strategie einer gleichzeitigen »Asylanten«-feindlichen Rhetorik und praktischer Ignoranz schien aufgegangen zu sein. Sie wiederholt sich, allem Anschein nach, derzeit, wenngleich in einer moderateren wie politisch effizienteren Weise.

Es folgte eine Zeit scheinbarer Beruhigung. Die Anzahl der Flüchtlinge hielt sich in Grenzen, die Einrichtungen auf den urbanen und regionalen Ebenen schienen einigermaßen zu funktionieren. Das große Narrativ der bayerischen Sonder-Gesellschaft und ihrer Regierungen in Bezug auf die Flüchtlinge und die Ausländer im Allgemeinen löste sich in »Einzelfälle« auf. Einzelne Konfliktfälle, gewiss, aber auch etliche kleine Narrative von geglückter Integration und freundlichem Zusammenleben. Auch Menschen, die vordem als »Asylanten« herabgestuft worden waren, durften nun im Bayerischen Rundfunk behaupten: »Da bin i dahoam.«

Dann aber, ebenso vorhersehbar wie ignoriert, war das Problem wieder da. Ganz so einfach wie in dieser Zeit allerdings ist die Situation nun fünfundzwanzig Jahre später – nach einer gewissen Latenzzeit der xenophoben Identitätspolitik – nicht mehr. Die Not der Flüchtlinge und die Notwendigkeit der Hilfe ist so offensichtlich, dass der Riss nicht allein zwischen Bayern und dem Rest der Republik bzw. zwischen der CSU und der CDU verläuft, sondern auch in der CSU selber.

IV. DER BAYERISCHE WEG

So ergab sich zunächst ein eher zwiespältiges und widersprüchliches Bild der bayerischen Flüchtlingspolitik. Von den xenophoben Verbalexzessen der neunziger Jahre war zu Beginn der »Flüchtlingswelle« und unter dem Eindruck des Merkel'schen »Wir schaffen das« sowie der Medienbilder vom Leid der Flüchtlinge und der Empathie der freiwilligen Helfer an den Bahnhöfen noch nichts zu spüren. Manchenorts schien die bayerische Regierung sich sogar selbst in der Willkommenskultur engagieren zu wollen, etwa als die Sozialministerin Emilia Müller öffentlich erklärte, den Sorgen und Nöten der Flüchtlinge persönlich und von Amts wegen mehr Gehör zu schenken. Es war eine durchaus bedeutende Geste, als sie die Umwandlung der Essenspakete in verfügbares Geld anordnete, ein Minimum an mitbürgerlicher Anerkennung. Die Strategie von realer Untätigkeit und xenophober Polemik jedenfalls schien also diesmal zu unterbleiben, auch wenn einmal mehr die Hauptlast nach unten verlagert und so viel wie möglich der Zivilgesellschaft überlassen wurde. Horst Seehofer, der aktuelle bayerische Ministerpräsident, erklärte 2014 den Vorrang der Flüchtlingspolitik; eine solche Ignoranz wie in den neunziger Jahren sollte es nicht noch einmal geben.

Hatte sich etwa auch in Bayern etwas zum Besseren gewendet? Ach, man hatte sich zu früh gefreut.

4.

Dass die Rückkehr zum harten Kurs zunächst nicht ohne Weiteres gelingen konnte, hatte zwei Hauptursachen, zum einen die Notwendigkeit eines nationalen Konsenses, der zugleich ein Konsens von CDU und CSU ist, und, immer und immer wieder personalisiert, in diesem Fall besonders drastisch, einer zwischen Angela Merkel und Horst Seehofer. Zudem waren in der Zivilgesellschaft nun besser organisierte Gegenkräfte entstanden. Ein widerstandsloses Fischen am rechten Rand war nicht mehr so einfach möglich, und genauso wenig eine Praxis der Abschreckung, denn Kritik war selbst von Seiten der katholischen Kirche zu erwarten, wie ein offener Brief von 45 bayerischen Ordensoberen gegen die Flüchtlingspolitik der CSU zeigte: Man forderte Horst Seehofer auf, »dringend von einer Rhetorik Abstand zu nehmen, die Geflüchtete in ein zwielichtiges Licht stellt.« Und: »Als Ordensleute nehmen wir mit brennender Sorge wahr, wie auch in unserem Land rechtsnationale Kräfte und Meinungen wieder sprach- und öffentlichkeitsfähig werden.«[1] Deutlicher konnte man wohl nicht mehr werden.

Gleichzeitig aber hatten die bayerische Regierung und die CSU ein »Kippen« der Stimmung erkannt. Der Zuspruch zum »Wir schaffen das« nahm ab, die Umfragewerte der Kanzlerin sanken, und der rechte Rand, den man doch immer zu integrieren sich vorgenommen hatte, begann wieder zu rumoren. Aus alledem ergab sich ein rascher und heftiger Kurswechsel. Bayern stellte sich symbolisch an die Spitze einer neuen »Das Boot ist voll«-Kampagne und etablierte eine neue Rhetorik. Die drei Grundbilder in dieser neuen Anti-Flüchtlings-Kampagne waren, sinnig genug: Schließung der Gren-

IV. DER BAYERISCHE WEG

zen (einschließlich bemerkenswert fieser Vorstellungen von Auffanglagern für Menschen ohne »Bleiberecht«), Kontingente bzw. »Obergrenzen« und rasche Selektion und schließlich die Rückkehr zu den Phantasmen der Abschreckung und der Demütigung. Als wäre jede Vergünstigung, jede noch so kleine Freiheit, jede soziale Zuwendung ein Verbrechen am eigenen Volk, da es »falsche Signale« aussende und weitere Flüchtlinge ermutige. Die alten Begriffe wurden wieder hervorgeholt. Horst Seehofer selber sprach wieder vom »massenhaften Asylmissbrauch«, und die durchaus sadistischen Fantasien zur Behandlung der Menschen auf der Flucht übertrafen schließlich womöglich noch das in den neunziger Jahren etablierte xenophobe Phantasma.

Zunächst verflüssigte sich die Beziehung zwischen den harten und den weichen Strategien. Wenn der Münchner Kardinal Reinhard Marx die Flüchtlingspolitik an einer einfachen Frage ausrichtet: »Was wird aus den Flüchtlingen, wenn wir ihnen nicht helfen?«, erhält er von der bayerischen Politik keine Antwort mehr. Und auch die Gegenkräfte der Kirche, der engagierten Zivilgesellschaft und der kritischen medialen Öffentlichkeit prallten an der neuen Strategie ab: Aktive Flüchtlingshilfe wird zunehmend als lästig empfunden und längst dort, wo es Geld kostet, zum Beispiel bei der Sprachförderung, direkt behindert.

Die bayerische Regierung und die CSU hatten erkannt, dass sie mit der Flüchtlingspolitik den bayerischen Sonderweg, ihre Alleinherrschaft und den Einfluss in der Bundespolitik wieder stärken konnten.

Ihren ersten Höhepunkt erreichte diese Strategie im Oktober 2015, als Horst Seehofer mit seinen Drohgebärden in Richtung Berlin begann, indem er eine Klage vor dem Verfassungsgericht ankündigte für den Fall, dass »die Zuwanderung nicht begrenzt« werde. Die Anrufung hoher Instanzen zur Durchsetzung populistischer Stimmungen, so könnte man diese Taktik beschreiben. Und darin steckt, was man in der bayerischen politischen Kultur offenbar unnachahmlich gut erlernt: die Heuchelei.

Die Farce dazu lieferte, einmal mehr, Peter Gauweiler. In einem offenen Brief an den Bundestagspräsidenten verlangte er von der Kanzlerin, die Flüchtlingspolitik im Parlament zur Abstimmung vorzulegen. Erneut geht es nur einerseits um die Durchsetzung eines harten Kurses in der Flüchtlingspolitik, zugleich aber immer auch um die Schwächung der Bundesregierung. Auch hier ist die Absicht in den unnachahmlichen Ton der Heuchelei gebettet: »Deshalb schreibe ich Ihnen, dem personifizierten Sachwalter der Rechte und Pflichten unserer Volksvertretung. Bitte greifen Sie ein.«

Diese Politik von Abschreckung, Demütigung und Schwächung von Amt und Person findet für diesmal freilich genügend Unterstützung auch in der »Schwesterpartei« selbst: Schäuble oder de Maizière sind sich in der Kanzlerinnenkritik und der harten Linie offenbar mit den Bayern einig. Der Jurist Gauweiler jedenfalls argumentiert sophistisch: »Ist eine vorherige Genehmigung des Parlaments nicht möglich und hält der zur Bekämpfung einer Notlage verfügte Einsatz an,

IV. DER BAYERISCHE WEG

muss die Bewilligung durch das Parlament nachträglich geschehen. Die faktische Aussetzung des deutschen Einreiserechts und der von der Regierungschefin verfügte Nichtvollzug gesetzlicher Aufgaben der Bundespolizei währt nun seit über acht Wochen!« So geht es in besagtem offenem Brief[2] weiter. Sein eigentlicher Gehalt liegt in der Konstruktion einer Ausnahmesituation und der Definition der Flüchtlinge als Verursacher einer »Notlage«. Und: »Der Krug geht so lange zum Brunnen, bis er bricht! Muss man wirklich lange argumentieren, dass die Verfügung, Hunderttausende aus dem Nahen und Fernen Osten und aus Afrika ohne Aufenthaltstitel einreisen zu lassen, für die Bundesrepublik Deutschland ›wesentlich‹ ist – je nach Auffassung grundlegend richtig oder umstürzend falsch?«, fragt Gauweiler, und dieses Wort »umstürzend« ist gewiss mit Bedacht gewählt. Und fast automatisch kommt dann auch noch die letzte Volte, eleganter formuliert, die Seehofer eigentlich hinter der staatsmännischen Vernunftattitüde verbergen wollte: »Denn auf der anderen Seite wirken die aufwühlenden Bilder vom Wochenende doch für jeden auch wie eine Projektion der Zukunft Deutschlands. Wenn der Staat seine Schutzfunktion nicht mehr wahrnehmen kann und seine Großzügigkeit nur von einem billigen ›Ist es recht?‹ getragen wird. Und die Politik das ›Was kommt danach?‹ längst aus den Augen verloren hat.« Markus Söder hatte gerade seine Interview-Botschaft ins Land geschickt, nach der die Anschläge von Paris die Wende in der Flüchtlingspolitik bedeuteten, woraufhin Seehofer ihn noch einmal zur Ordnung gerufen hatte, um staatsmännische Vernunft »signalisieren« zu können. Arbeitsteilung? Konflikt des Regenten mit einem hitzköpfigen »Nachfolger«? Oder doch einfach nur wieder: Heuchelei?

Heribert Prantl schrieb in der *Süddeutschen Zeitung*: »CSU-Ministerpräsident Horst Seehofer nimmt sich offenbar die fiese Flüchtlingspolitik des Viktor Orbán zum Vorbild. Seehofer will Bayern zum deutschen Ungarn machen. Der Freistaat will, so kündigt Seehofer es an, nur noch ›Mindeststandards‹ erfüllen; das heißt: Flüchtlinge sollen drangsaliert werden. Bayern soll unattraktiv werden für Flüchtlinge; das heißt: Sie sollen hier so mies behandelt werden, dass sie um das Land einen Bogen machen. Die CSU kennt künftig Flüchtlinge ›mit Schutzbedürftigkeit‹ (möglichst wenige) und Flüchtlinge ohne Bleibeperspektive (möglichst viele); letztere brauchen offenbar, nach Meinung Seehofers, auch keinen Schutz.«[3]

Natürlich war die Einladung von Viktor Orbán durch die CSU ein Meilenstein der performativen Symbolpolitik: eine Demonstration der eigenen Position, klare Botschaft an den rechten Rand und zugleich, wie immer, ein Stachel in das Fleisch der demokratischen Zivilgesellschaft, die einer solchen Geste gegenüber nur ohnmächtigen Zorn zeigen konnte.

Denn nun war man, nach der Latenzperiode, wieder bei der alten Rhetorik der neunziger Jahre gelandet. Obschon die Folgen damals offensichtlich waren und die Spaltung der Gesellschaft vorangetrieben wird,

IV. DER BAYERISCHE WEG

entspricht dies voll und ganz diesem Bayern-Bild eines libertären Paternalismus mit einer konstitutionellen Demokratie und einer populistischen Rückkopplung. Für eine humanistische Grundierung der Politik ist damit kein Platz. Der bayerische Innenminister Joachim Herrmann verlangte eine rigidere Politik der »Abschiebung«: »Es ist dringend geboten, die Abschiebungen abgelehnter afghanischer Asylbewerber verstärkt umzusetzen. Wir müssen hier ein deutliches Signal setzen.«[4]

Immer wieder geht es offenbar um das Setzen von »Signalen« oder »Zeichen«, und damit ist eben nicht nur die tückische Abschreckung gemeint, sondern auch die Hegemonie eines Welt- und Menschenbildes. Bilder, Symbole und Signale spielen eine bedeutende Rolle in der bayerischen Dreieinigkeit von Flüchtlings-, Identitäts- und Machtpolitik.

Schon im Oktober begann, wie gesagt, Seehofer mit seinen Drohgebärden: »Ministerpräsident Horst Seehofer will in Karlsruhe vor dem Verfassungsgericht klagen, wenn die Zuwanderung nicht begrenzt wird.« So lauteten die Schlagzeilen. Vizekanzler Sigmar Gabriel warf ihm »Panikmache« vor. Betont gelassen reagierte Bundesinnenminister Thomas de Maizière (CDU). Er sprach in Erfurt von einer »bayerischen Art und Weise, Dinge vorzutragen«. Was zugleich Abgrenzung und Verständnis »signalisiert«: Auch das wiederum erscheint der Folklorisierung der Politik Vorschub zu leisten, die in Wahrheit harte Interessen- und Machtpolitik darstellt. So macht man sich den »Sepplhut« zur Tarnkappe. In der Flüchtlingspolitik hat die bayerische Politik einen neuen Hebel gefunden, die deutsche Politik bayerischer zu machen.

Betroffen von der neuen Lust an der »Abschiebung« sind unter anderem rund 7000 Menschen aus Afghanistan, die mit einer Duldung in Deutschland leben, teilweise seit Jahren. Viele von ihnen sind hier zur Schule gegangen, haben eine Ausbildung begonnen oder hätten einen Ausbildungsplatz in Aussicht. Sie sind gut integriert und haben sich hier ein Leben aufgebaut, so protestiert der Bayerische Flüchtlingsrat. Es sollen mithin gar nicht so sehr »Flüchtlingsströme« aufgehalten werden, sondern Bayern will solche Menschen exkludieren und einem höchst ungewissen, gewiss aber gefährlichen Schicksal übergeben, die im Wesentlichen schon dabei sind, integrierte Bürgerinnen und Bürger zu werden.

Immer wieder weist die Rhetorik darauf hin, dass Bayern nicht bereit sei, den Flüchtlingen den Bürger-Status zu gewähren. Zugleich kündigte Seehofer ein Programm an, mit dem die Integration der Flüchtlinge in Bayern gestärkt werden soll. Dazu sollen 3772 neue Stellen in Verwaltung, Justiz, Polizei und Bildung entstehen. Allein im Bereich Lehrkräfte seien 1700 Stellen vorgesehen. Auch die Polizei soll gezielt gestärkt werden. Und er begründete dies nicht etwa mit der Fürsorge für Menschen in Not und in der Hoffnung auf eine Zukunft, sondern: »Damit gewährleisten wir die Sicherheit in unserem Bundesland«, sagte Seehofer vor der Presse und betonte zugleich, keine »Ängste schüren« zu wollen. Es ist diese Kunst, etwas zu sagen, und es gleichzeitig auch wieder irgendwie nicht gesagt zu haben, die den despotischen Populisten als Ausdruck einer konstitutionellen Demokratie instand setzt, Taktiken zu den drei großen Hauptzielen der bayrischen »Staats«-Politik zu entfalten: die Integration des rechten Randes, die Obstruktion gegenüber der deutschen Regierung (einschließlich der »Schwesterpartei«) und schließlich die Festigung der eigenen Macht und ihres Sonderstatus. Zu dieser gehört auch eine symbolische und reale Herrschaft über die Grenzen. Die bayerische Regierung macht gewiss keine Politik für die Flüchtlinge, sie macht aber auch nicht nur Politik gegen die Flüchtlinge; sie macht Politik mit den Flüchtlingen. Wer indes in die Grenzregionen von Österreich und Bayern kommt, wird bemerken, dass die Bewohner sich mehrheitlich freundlicher gegenüber den Flüchtlingen verhalten, als es ihre Regierung tut.

5.

Und was heißt »Sicherheit« in Bayern? Die öffentliche Rhetorik von Abschreckung, Herabwürdigung und Denunziation scheint schon in sich so unwürdig und unmenschlich, dass sie schier vergessen lässt, dass ungeachtet der beständigen Bemühungen der CSU, den »rechten Rand« zu integrieren, auch hier eine hetzerische, gewalttätige und kriminelle rechte Szene gegen die Flüchtlinge agiert. 54 Straftaten gegen Asylbewerberunterkünfte wurden im Jahr 2015 (bis zum November) offiziell angezeigt, bei 46 ist der rechtsextreme Hintergrund eindeutig nachgewiesen; in der *Allgäuer*

Zeitung liest sich das so: »Mit den Flüchtlingszahlen stieg in Bayern auch die rechtsextreme Gewalt«; etliche Anzeigen und Festnahmen wurden erst auf Nachfragen eingeräumt; insbesondere in München handeln organisierte Neofaschisten in »Bürgerinitiativen« gegen »Asylantenheime«. Mitglieder des Vereins »Pegida München« drangen im Juni gewaltsam in die Bayernkaserne ein, in der 2000 Asylbewerber untergebracht sind. In diesem Jahr gab es nach Auskunft des Innenministeriums in Bayern fünf Brandanschläge auf Asylunterkünfte. Möglicherweise also ist die Strategie eines Aufsaugens und Moderierens des »rechten Randes« durch eine »harte« Sprechart und Praxis gar nicht so erfolgreich, wie man mancherorts meint. »Bei den Tätern, die gefasst werden«, so Innenminister Herrmann gegenüber *dpa*, »haben wir bundesweit eine Vielzahl von Personen, die der Polizei vorher noch nicht als dem extrem rechten Spektrum zugehörig aufgefallen waren. Das wirft die Frage auf, was sich da entwickelt, ob Menschen bei diesem Thema radikal aktiv werden, die vorher völlig unauffällig waren.«[5] Muss man also die Flüchtlinge schon deswegen abweisen, damit hier nicht unauffällige Menschen plötzlich radikal aktiv werden?

Und dennoch hält sich die Zustimmung zu den rechtsextremen Inszenierungen und zum Pegida-Ableger mit seinen Vernetzungen in der Hooligan-Szene in Grenzen. Was vielleicht auch mit dem Wesen der Fremdenangst zu tun hat: Mag es in Rostock und Dresden um die Angst vor und den Hass auf fremde Menschen gehen, so geht es in einer reichen und »sicheren«

IV. DER BAYERISCHE WEG

Region wie Bayern in der Hauptsache um etwas anderes, nämlich um die Angst vor Veränderung. Der einzelne »Fremde« mag hier vielleicht sogar schneller und nachhaltiger integriert werden als anderswo, auch hier helfen Folklore, Medien und Kultur; andererseits wird er in seiner Funktion als Teil einer sozialen und kulturellen Unruhe, als Widerspruch zum offiziellen und vor allem zum inoffiziellen Machtgefüge gefürchtet. Der »Fremde« droht hier weniger, er stört.

So wird die »Flut«, »das Problem«, »die Masse« der Asylbewerber zum Schlüssel in der bayerischen Identitäts- und Machtpolitik. Die hilfesuchenden Menschen, die, objektiv gesehen, und mehr noch in Relation zum allgemeinen Reichtum der Region, in der Tat leicht zu beherbergen wären, werden von dieser Politik für ihre drei Grundziele missbraucht: die Integration des rechten Randes, die Ausweitung der bayerischen Macht in der Bundesrepublik und die Festigung der inneren Macht in der konstitutionellen Demokratie und dem bajuwarischen Berlusconismus. Doch das bayerische System des libertären Paternalismus will stets nicht nur den eigenen »Sonderweg« garantieren, sondern versteht sich immer auch als Modell und »Avantgarde«. Während nach innen mit einer »Entbavarisierung«, der Erosion des bayerischen Sonderwegs, gedroht wird – und es waren schon immer »die Fremden«, die hier als Sündenbock herhalten mussten –, wird nach außen mit der Abspaltung gedroht (*Bayern kann es auch allein* heißt ein Buch, für das im vergangenen Jahr auf Werbeplakaten und Litfasssäulen geworben wurde).

Deutschland muss, um erhalten und stabil zu bleiben, bayerischer werden. Daraus entstand eine sehr eigene Form der Postdemokratie.

Zunehmend kommen aus anderen Bundesländern und vor allem aus der »Schwesterpartei« CDU mehr oder weniger verhaltene Signale der Zustimmung. Der Tenor lautet: In der Sache habe Seehofer ja vollkommen recht, nur die Form sei etwas daneben. Das freilich ist ein Missverständnis: In der Dreieinigkeit von Flüchtlings- (»Fremden«-), Identitäts- und Machtpolitik kommt es ja gerade auf diese Form an, es geht nicht nur um die Ausübung, sondern vor allem um die Demonstration einer Souveränität, die sich so gern auf den Ausnahmezustand beruft. Man schließt immer weiter die Augen vor der Tatsache, dass »das« tatsächlich zu schaffen ist und dass die Gefahr nicht von den Flüchtlingen, sondern vom rechten Terror ausgeht, wie auch die bayerische Polizei immer wieder betont. Moritz von Uslar schrieb in seiner *Zeit*-Reportage über die Stadt Passau, die die meisten Flüchtlinge nicht nur in Bayern, sondern ganz Deutschland aufnimmt:

»Kontrollverlust« titelte der Spiegel vergangene Woche. Nach seinem Besuch in Passau muss der Reporter widersprechen: Hier handelt es sich um die typisch deutsche Hysterie und Lust am Untergang. Das Gegenteil ist der Fall: Passau ist – dank einer Tag für Tag aufs Neue stattfindenden logistischen Meisterleistung – unter Kontrolle. Was die viel zitierte schwindende Motivation der freiwilligen Helfer angeht: Sie arbeiten, mit voller Kraft. Einen schönen Gruß an die

IV. DER BAYERISCHE WEG

Herren Seehofer, Söder und Herrmann: Die öffentliche Ordnung ist, zumindest an diesem Wochenende in Passau, gewährleistet«.[6]

Am selben Ort, an dem heute einige tausend Flüchtlinge eine erste Anlaufstelle finden, in Piding, wurden nach dem Krieg insgesamt zwei Millionen Flüchtlinge aus dem Osten, »Heimatvertriebene« auch sie, versorgt.

Die Zivilgesellschaft in Bayern ist also sowohl in der Lage als auch guten Willens, die Flüchtlinge auch in großer Zahl aufzunehmen, zu versorgen und in ein menschen- und bürgerrechtlich grundiertes Leben zu begleiten. Es ist, in Bayern noch offensichtlicher als an anderen Orten, ein Verbund von Politik, Medien und rechten Kräften in der Gesellschaft, die nicht will, dass sie es schafft, die es ihr ausreden und schwermachen möchte. Die Ursachen und Beweggründe für eine solche Obstruktion gegenüber der eigenen Gesellschaft, für eine Politik, die lieber AfD und Pegida »füttert« (in der Hoffnung, an diese die Wählerstimmen vom rechten Rand nicht zu verlieren), liegen in der europäischen Politik (ein Donald Tusk, der ein Europa mit einem Satz gegen die Flüchtlinge zu einen sucht, weil es für die Flüchtlinge nicht zu einigen ist), sie liegen in der bundesdeutschen Politik (die de Maizières und Schäubles, die ihre Fantasien von Kontingentierung, Selektionierung und Abschiebung weder politisch noch menschlich maskieren), aber eben auch in der bayerischen selbst.

Bayern hätte ein »Musterland« für den Umgang mit den Menschen in Not werden können, und es gab und gibt nicht nur in den Städten, sondern gerade auch im ländlichen Raum einen großen Teil der Bevölkerung, der sich für sie einsetzt und ihnen tätige Hilfe gewährt. Es ist ein Machtkalkül vor allem, das die Regierung Seehofer dazu bringt, gleichsam der eigenen Zivilgesellschaft in den Rücken zu fallen.

Die Fortsetzung der Politik der Abschreckung wird durch eine Politik der Entrechtung, Entwürdigung und Herabstufung gebildet. Der bayerische Flüchtlingsrat hat wiederholt auf die zermürbenden Asylverfahren, die kasernen- und gefängnishafte Unterbringung, die systematische Entmündigung der Flüchtlinge hingewiesen. Es ist die bayerische Verwaltung, die so stur auf der Residenzpflicht beharrt, die Menschen einerseits mehr oder weniger einsperrt, andererseits aber individuelle Betreuung verweigert. Ein entscheidender Faktor ist dabei die medizinische Versorgung. Die Menschen werden nicht einmal auf Folterspuren untersucht, geschweige denn, dass sie in eine allgemeine Gesundheitsversorgung eingebunden würden, auch dies schließlich wäre nicht zuletzt eine Geste der menschlichen Anerkennung. August Stich, der Leiter der Tropenmedizin der missionsärztlichen Klinik in Würzburg, meinte in einem Interview mit dem Bayerischen Rundfunk, er bleibe skeptisch, ob eine »neue Willkommenskultur durch die behördlichen und administrativen Strukturen durchschlägt.« Der Konflikt zwischen zivilgesellschaftlicher Fürsorge und administrativer Abschreckung und Demütigung ist noch nicht entschieden.

IV. DER BAYERISCHE WEG

6.

Der neue rhetorische Kriegsschauplatz, wiederum geeignet, zugleich in der Flüchtlingspolitik und im Ringen um politische Hegemonie zu wirken, eröffnete sich rund um den Begriff der »Obergrenzen«, der in einem Papier beim CSU-Parteitag im November 2015 eingesetzt wurde, zu dem auch die Bundeskanzlerin eingeladen war. Es ist bekannt, welche politische Inszenierung daraus folgte. Kurz vor der Eröffnung des Parteitages, bei dem er die Kanzlerin auf solch drastische Art »vorführte«, erklärte Horst Seehofer noch: »Wir sind anständige Gastgeber« (so wurde es jedenfalls von Teilnehmern der Vorstandssitzung in München der Presse kolportiert). Aber dann kam es doch zu jener denkwürdigen Szene, in der es einen Seehofer-Auftritt im Beisein der Kanzlerin gab, der von »Demütigung« nicht weit entfernt war. Auch die Flüchtlinge also waren fester Bestandteil im »ewigen« Kampf um den Sonderweg geworden. Das Papier, in dem die Obergrenze-Forderung aufgestellt war und von deren symbolischer und unpraktikabler Natur jeder überzeugt sein konnte, trug nicht umsonst das Motto: »Deutschland braucht das starke Bayern«. Der Druck, der dabei aufgebaut wird, in der Politik wie in den Medien, erzeugt einen Mainstream-Sog nach rechts. Selbst wenn der Seehoferismus in der praktischen Politik nicht vollständig triumphieren kann, so triumphiert er in einer Hegemonie der Diskurse. Die performative, paternalistische Symbolpolitik der bayerischen Regierung und ihrer Partei (oder umgekehrt) bestimmt in hohem Maße darüber, wie über Flüchtlinge gesprochen wird. Herrschaft über Menschen beginnt mit der Herrschaft über die Sprache.

Während die Bundesregierung eine europäische Lösung und insbesondere einen »Deal« mit der Türkei anstrebte, wollte die CSU wieder einmal schneller sein: »Deutschland muss jetzt ein Signal aussenden, dass unsere Kapazitätsgrenzen bereits erreicht sind«, verlangen Seehofer und die CSU. (Schon wieder das ominöse Signal!) »Deshalb soll Deutschland für nächstes Jahr ein Kontingent für Bürgerkriegsflüchtlinge entsprechend seiner leistbaren Kapazitäten festlegen.« Lange Zeit hütete man sich davor, eine konkrete Zahl zu nennen, die die völker- und menschenrechtliche Absurdität einer »Obergrenze« nur allzu deutlich macht (im Januar 2016 dann brachte Seehofer die Grenze von 200.000 Flüchtlingen pro Jahr ins Spiel). Worum es vor allem geht, ist viel eher ein Schauspiel der Kontrolle. Man beweist und stärkt seine Macht (im »Ausnahmezustand«), indem man Grenzen »sichert«, Lager errichtet, Selektionen durchführt, Abschiebungen organisiert und schließlich das »Problem« quantifiziert. Da es keinen Plan und nicht einmal einen Willen dazu gibt, die Integration der Flüchtlinge zu bewerkstelligen, lenkt man das Hauptaugenmerk auf ihre Zahl. Nur Zahlen kann man kontrollieren, nicht Menschen.

Neben der Quantifizierung und der Herabstufung der Flüchtlinge in ihrem Status (man könnte die bayerische Politik gegenüber jenen, die man weder abschrecken noch abschieben kann, einfach beschreiben: Forderung nach Integration bei gleichzeitiger Verweigerung oder

IV. DER BAYERISCHE WEG

Festgesetzt, ED-behandelt und nach wenigen Stunden abgeschoben:
»Wirtschaftsflüchtlinge« an der bayerischen Grenze

Sabotage aller Dinge und Prozesse, die dafür notwendig sind) spielt das Schauspiel der Kontrolle eine wichtige Rolle: »Wir wollen wissen, wer durch unser Land fährt«, verkündet Seehofer (und raunt etwas von einer Festnahme, die in Zusammenhang mit den Anschlägen in Paris stehen soll). Dabei (re-)konstruiert er nebenbei jenen dubiosen Souverän, der durch seine Pathosformel einer »Koalition mit dem Volk« imaginiert wird. Dieser postdemokratische Souverän scheint es auf nichts anderes abgesehen zu haben als die Demonstration seiner Verfügungsgewalt und seiner allseits bedrohten Sicherheit. Ungleich ernster wiederholt sich die Posse um die Autobahnmaut »für Ausländer« als symbolische Konstruktion dieses populistischen Souveräns, der alles »kontrolliert«, was »durch sein Land fährt«. So wird, in der bayerischen Version, der Flüchtling zum Objekt einer Machtkonstruktion.

Wirklich verstehen kann man diese Konstruktion indes nur, wenn man sie nicht nur als Ausdruck einer bayerischen Stärke, sondern gerade der Schwäche ansieht. Der barocke Machtmensch, den der bayerische Sonderweg der konstitutionellen Demokratie und des libertären Paternalismus in immer neuen Varianten hervorbringen muss, leidet, wie sein »Koalitionär«, das, was man sich als »Staatsvolk« vorstellen mag, darunter, dass seine Machtfülle für das eigene Land eigentlich zu groß ist, für eine entscheidende Position in der deutschen Zentralmacht aber dann doch wieder nicht ausreicht. Die Folge ist ein Schwanken zwischen Größenwahn und gekränktem Narzissmus. Anders gesagt: Die Machtverhältnisse ebenso wie ihre semantische und ikonografische Vermittlung finden in Bayern nie zu einem harmonischen Maß. Und so entspricht auch die Ablehnung des Fremden am ehesten einer Unsicherheit in der Selbstidentifikation. Man will die anderen nicht, weil man gar nicht genau weiß, wer man eigentlich selber ist (ein Volk von Flüchtlingen, das über Jahrhunderte von »Völkerwanderungen« entstanden ist und in dem, unter anderem, syrische Legionäre des römischen Imperiums ihre genetischen Spuren hinterlassen haben, so könnte es der Biohistoriker ironisch formulieren).

»Flüchtlingspolitik«, nicht nur in Bayern, aber hier in besonders deutlicher Form, ist eine Funktion von Regierbarkeit. Die Macht verspricht dem Volk, es vor dem Fremden zu schützen. Aber in Wahrheit versucht die

IV. DER BAYERISCHE WEG

Macht, sich vor dem Volk zu schützen, das sich durch die Fremden verändern könnte.

Anmerkungen

1 www.tagesspiegel.de/politik/offener-brief-an-horst-seehofer-ordensobere-gefluechtete-nicht-in-ein-zwielichtiges-licht-stellen/12578976.html.
2 www.epochtimes.de/politik/deutschland/gauweiler-an-bundestagspraesident-greifen-sie-bitte-ein-kanzlerin-umgeht-parlament-a1285318.html.
3 www.sueddeutsche.de/bayern/fluechtlinge-ungarn-in-deutschland-1.2572546.
4 Zitiert nach: www.zeit.de/politik/deutschland/2015-10/afghanistan-fluechtlinge-abschiebung.
5 www.abendzeitung-muenchen.de/inhalt.innenminister-zeigt-sich-besorgt-herrmann-woechentliche-angriffe-auf-asylunterkuenfte.96595ca5-0b3f-4b6e-8c54-406bf85150b3.html.
6 Die Zeit, 5.11.2015.

V. Europa im Krieg

Ein letzter, scheinbar radikaler Perspektivwechsel ist notwendig. Denn zwei große historische Ereignislinien kreuzen sich im Europa unserer Tage, auch wenn sie es nicht auf die Weise tun, wie das nationale Dispositiv sie beschreibt: der »Flüchtlingsstrom«, der auf ein zerfallendes Europa und eine völkisch-nationalistische Rekonstruktion des Souveräns trifft, und der globale Terror von Organisationen wie dem IS, der immer mehr auch im Herzen Europas zuschlägt und sehr häufig von Menschen ausgeübt wird, die als Täter in Europa selbst »erzeugt« worden sind. Und wo auf der einen Seite ein maskierter, teil-gedämpfter und aufgeschobener Bürgerkrieg droht, da droht auf der anderen Seite eine neue Form des »Weltkriegs«.

1.

Nach den Anschlägen in Paris am 13.11.2015 verkündete Frankreichs Präsident Hollande, sein Land befinde sich im Krieg mit dem IS, und verschiedene Politiker anderer europäischer Länder pflichteten ihm bei. Es gab kaum eine Schlagzeile in Europa, die nicht den Begriff »Krieg« oder gar »Weltkrieg« benutzte. Der Ausnahmezustand wurde nicht nur in Frankreich und Belgien als notwendige Maßnahme zum Schutz der Bevölkerung angesehen. Die Einschränkung der Bürgerrechte, der Bewegungsfreiheit, der offenen Grenzen innerhalb der EU wird ohne nennenswerten Widerspruch in Kauf

V. EUROPA IM KRIEG

genommen. Auch Deutschland beteiligt sich mit Tornado-Aufklärungsflugzeugen am Krieg gegen den IS in Syrien (und schon lange im Irak). Aber was bedeuten solche Kriegseinsätze?

Versuchen wir uns an einer Grammatik des Krieges. Oder, anders gesagt, an einem Fahrplan der gefährlichen Verwandlung einer Zivilgesellschaft in eine Gesellschaft im Krieg. Der Begriff »Krieg« bezeichnet, nach der Definition der Arbeitsgemeinschaft Kriegsursachenforschung (AKUF), »einen gewaltsamen Massenkonflikt, der die folgenden Merkmale aufweist:

a) an den Kämpfen sind zwei oder mehr bewaffnete Streitkräfte beteiligt, bei denen es sich mindestens auf einer Seite um reguläre Streitkräfte (Militär, paramilitärische Verbände, Polizeieinheiten) der Regierung handelt;

b) auf beiden Seiten muss ein Mindestmaß an zentralgelenkter Organisation der Kriegführenden und des Kampfes gegeben sein, selbst wenn dies nicht mehr bedeutet als organisierte bewaffnete Verteidigung oder planmäßige Überfälle (Guerillaoperationen, Partisanenkrieg usw.);

c) die bewaffneten Operationen ereignen sich mit einer gewissen Kontinuierlichkeit und nicht nur als gelegentliche, spontane Zusammenstöße, d.h. beide Seiten operieren nach einer planmäßigen Strategie, gleichgültig ob die Kämpfe auf dem Gebiet einer oder mehrerer Gesellschaften stattfinden und wie lange sie dauern.«[1]

Nach dieser Definition befinden sich die europäischen Staaten sicher in einem Krieg mit dem IS in Sy-

Als Selbstmordattentäter gekleidete Dschihad-Kämpfer in der Westbank

rien und im Irak und auch mit den verbündeten Organisationen des IS, die nicht nach territorialer Eindeutigkeit verlangen wie etwa Al-Qaida, auch wenn das »Asymmetrische« fester Bestandteil dieses Krieges ist und es sich offensichtlich um einen Krieg handelt, dessen unzählige kriegerische Handlungen sich nicht zu einer konsistenten Kriegserzählung zusammenfügen, in dem es, je nach Perspektive, entweder zu viele oder zu wenige »Kriegserklärungen« gibt.

Aber es ist nicht die äußere Form der Auseinandersetzung allein, die einen Krieg und seine Grammatik ausmachen. Es muss ein Interesse und eine Absicht vorhanden sein, und da ist es in der Regel sinnvoll, den Spuren von Geld und Macht zu folgen. Sie führen auf der einen Seite zu den Interessen der postkolonialen kapitalistischen Zentren im Westen, die Energie und Rohstoffe brauchen, ebenso wie destabilisierte Regionen, in die graues und überschüssiges Kapital gepumpt werden kann, nicht nur in Form des Waffenexports, und sie führen auf der anderen Seite zu den Golfstaaten, mit denen der Westen seit jeher prächtige Geschäfte tätigt, wodurch sich ein mächtiges Kapital gebildet hat. Bei diesen Geschäften lässt man sich von ein bisschen Terror und Massenhinrichtungen nicht stören. Also werden nicht nur Waffen geliefert, sondern auch Fußballmeisterschaften vergeben, Museen mitgegründet, Architekturwettbewerbe ausgeschrieben, Premium-Tourismus gefördert. Es scheint, als würde »der Westen«, wenn wir die eine Seite vereinfacht so nennen dürfen, aus ökonomischen Gründen zumindest einen wesentlichen Kriegsgegner ausblenden.

Zu den Absichten in der Region gehören die Sicherung und Erweiterung einer Macht, die möglicherweise nicht ewig auf die Verfügung über Öl und andere Bodenschätze bauen kann und die sich auf eine rein spirituelle und in sich widersprüchliche Religion als Bindemittel nie verlassen könnte. Die Religion wird stets dort »fundamentalistisch«, wo sie in den Dienst einer sozial und demokratisch nicht zu legitimierenden Macht gestellt werden soll, so wie umgekehrt fundamentalistische Religion stets nach solchen Herrschern giert, die ihre Herrschaft durch nichts anderes als eben diese Religion legitimieren und sich somit von ihren Protagonisten auf tückische Weise abhängig machen. Ein Kriegsziel ist demnach die Verwandlung des Islam von einer facettenreichen und sehr unterschiedlich dogmatisierten und ikonografisierten Vielfalt in eine strikte Einheitsreligion. Diese Vereinheitlichung ist weder ohne innere Gewalt noch ohne einen äußeren Gegner zu bewerkstelligen.

In diesem Zusammenhang spricht Salman Rushdie von einer »Arabisierung des Islam«. Damit meint er nicht bloß einen rücksichtslosen und gewalttätigen Verdrängungsakt seitens der wahabistischen und salafistischen Formen gegenüber den moderaten, liberalen, toleranten und hybriden Praxen, die es überall auch gibt, sondern die Verbindung von Herrschaftsansprüchen und Religion mit allen Konsequenzen des geopolitischen, des biopolitischen und des sozialpolitischen Handelns. Jede Verbindung von Herrschaft und Religion gebiert den Terror, bedarf des Terrors. Umgekehrt ist jeder organisierte Terror auf eine solche Verbindung hin ausgerichtet.

Im Krieg zwischen dem kapitalistischen Westen und dem IS geht es also im Kern um nichts anderes als um ein neues Imperium, um das post-fossile, arabisch-islamistische Imperium, das, wie es in Imperien der Fall zu sein pflegt, die inneren Widersprüche allein durch Gewaltherrschaft und Expansion nicht auflösen kann. Wie realisierbar ein solches neues Imperium eigentlich ist, und ob es nicht als Traum gar noch nützlicher für jene Macht- und Herrschaftsinteressen eines dynastischen und fundamentalistischen Kapitals ist denn als Konkretion, bleibe vorerst dahingestellt. Jedenfalls sind im Kalifat-Traum des IS zwei symbolische Ordnungen, das große Reich auf Erden und das Himmelreich für die Gehorsamen, miteinander verbunden.

Natürlich müssen die Subjekte der Kriegsinteressen und der Kriegsabsichten nicht identisch mit den »kriegführenden« Subjekten sein. Jeder, der im Terrorkrieg des IS mitspielt, sucht im Wesentlichen nach einem Platz in den symbolischen Ordnungen und in der politisch-ökonomischen Realisierung des imaginären, des »kommenden« Imperiums. Das terroristisch-religiös begründete, aber ökonomisch-dynastisch motivierte Imperium des »Islamischen Staates« ist eine Antwort auf den Zerfall der Staaten, so wie umgekehrt der imperiale Hoffnungsschimmer den Zerfall der Nationalstaaten weiter befördert. Im IS wurde aus dem transnationalen terroristischen »Islamismus« der supernationale, imperiale territoriale Anspruch. Ein Subjekt der Kriegserzählung, das nicht allein jenseitige Verabredungen mehr treffen will. Dieses mit einer enormen Finanzkraft ausgestattete Kriegssubjekt bildet sich nicht über Nacht und nicht durch den Beschluss von Abu Bakr al-Baghdadi, sondern ist eine konsequente Fortsetzung von scheinbar transnationalen Terroreinheiten wie denen von Bin Laden (dem aufmerksame Beobachter die rein religiös-fanatischen Grundierungen nie abgenommen haben) und scheinbar nationalen wie denen der Taliban in Afghanistan oder der Moslem-Bruderschaften in Ägypten. Es geht um ein von einer Einheitsreligion, unbegrenzter Kapitalmacht und von ebenso unbegrenzter, hierarchisch wirkender Gewalt gebildetes Imperium.

2.

Warum aber entspricht es diesem Interesse, das auf Herrschaftssicherung und Herrschaftserweiterung abzielt und beides mit einem enormen Kapitalüberschuss finanzieren kann, wie umgekehrt der Kapitalüberschuss letztlich auf die militärische Rendite drängt, einen Krieg gegen den Westen zu führen, mit dem man doch zugleich so angelegentlich auch Handel treibt?

So wie die Nationalstaaten, so zerfällt auch der postindustrielle Kapitalismus. Neben dem westlichen, dem chinesischen, dem russischen und vielem dazwischen ist auch ein arabischer Kapitalismus entstanden, der in Konkurrenz zu den anderen steht. Er bleibt feudal und überspringt gleichsam das Stadium der fordistischen Massenproduktion (und ihrer Folgen von Liberalisierung und gar Demokratisierung). Um die Einheit von politischer und ökonomischer Herrschaft zu sichern, muss alles ausgeschlossen, besser gleich vernichtet werden, was durch die Verbindung von Massenproduktion und -konsum und kulturellem Liberalismus für die Menschen attraktiv sein könnte: Der arabische feudale Kapitalismus muss seinen Untertanen um jeden Preis das westliche Denken, die Lust an Konsum und persönlicher Freiheit, das Geschichtsbild von Fortschritt und Aufklärung austreiben. Nur durch die Provokation des Krieges ist ein solcher Ausschluss zu garantieren; nur als Feind und Angreifer erscheint der »Westen« nicht verführerisch, kann verhindert werden, was zu einer Erosion der feudalkapitalistischen Herrschaft führen würde, nämlich die Entstehung eines aufstrebenden,

V. EUROPA IM KRIEG

aufgeklärten und liberalen Mittelstands, der demokratische Rechte und bürgerliche Freiheiten einfordert.

Das Imperium entsteht im Ausnahmezustand Krieg. Jede Ausweitung der Kampfzone ist ein Sicherungsgürtel um den feudalen arabischen Kapitalismus. Der Terrorismus war mithin das effizienteste Mittel für eine Kriegführung, die möglicherweise ihre eigenen Absichten und Interessen noch ein wenig verschleiern wollte, deren Erfolg dazu führt, dass man sie nun deutlicher formulieren kann. Es scheint dabei indes immer notwendig, diesen Krieg unentwegt auch zu »heiligen«, unter anderem auch damit, dass man ein Scheitern der westlichen »Werte« und Vorstellungen provoziert.

Während sich im Terrorkrieg also ein imperialer Groß-Traum bildet, zerfällt auf der anderen Seite das Staatengebilde des westlichen Kapitalismus in neo-nationalistische, post- und antidemokratische, immer weiter separatistische und anti-europäische Einheiten, die dem ohnehin international agierenden Kapital immer weniger politische und soziale Kontrolle entgegenzusetzen haben. Die Verlierer des offenbar drastisch scheiternden europäischen »Imperiums« (denn auch in diesem transnationalen Traum handelte es sich um ein solches, wenn auch, so einst zumindest die Hoffnung, in vergleichsweise menschenfreundlicher Form) wenden sich unter dem doppelten Druck von sozialer Marginalisierung und äußerer Bedrohung dem Nationalismus zu, und schon damit fällt Europa gleichsam zurück. Es konnte weder ein Imperium werden noch als gelebte transnationale Demokratie neue Hoffnungen gegen die neue Imperialisierung der Welt wecken. Es zerfällt in Reste einer liberalen Zivilgesellschaft und nationalistischer oder gar faschistischer Regression. Das Kapital dagegen hat keine Scham, sich etwa in die Emirate zu bewegen, von wo aus es in verwandelter und vergifteter Form wieder in die westlichen Zentren zurückkehrt, natürlich nicht nur in Form von Touristen, die nach Luxuswaren und Dienstleistungen gieren.

Der imperiale Gedanke hält sich durch den Krieg am Leben. Die Verbindung zwischen Imperium und Terrorismus zeigte sich sowohl in der Provenienz der Attentäter vom 11. September als auch in der Gestalt des Osama bin Laden, der schließlich aus einer der reichsten Familien Saudi-Arabiens stammte (mit Wurzeln im Jemen). Diese führt einen transnationalen Konzern mit mehreren Milliarden Dollar Vermögen, das durch die Terror-Aktivität so wenig in Frage stand wie die guten Beziehungen der Familie zum saudischen Königshaus. War Bin Laden die fanatische Ausnahme dieser Allianz, oder war er doch deren Ausdruck und Erfüllung?

3.

Wie die Einheitsreligion (also eine einheitliche Religion, die Einheit erzeugen soll), so ist auch das Imperium eine symbolische Ordnung mit einem hohen Anteil an fiktiven Elementen. Vieles also hängt davon ab, was es von seiner Macht zeigen kann; deshalb muss das Imperium ständig Exempel statuieren. Wenn es irgendwo in Frage gestellt wird, antwortet es mit exemplarischer Gewalt; ein verlorenes Terrain wird, zum Beispiel, mit einem gelungenen Terroranschlag kompensiert. Das Imperium muss stets beweisen, dass es zurückschlagen kann, aber nicht immer in einer geopolitischen strategischen Logik. Da es sich um ein imaginäres Imperium handelt, muss es auch demonstrieren, dass es über die Grenzen des Feindes hinweg agieren kann. Der erste Grundsatz des Imperiums ist die Verwirklichung der Maxime: Niemand kann wirklich vor ihm sicher sein. So sind die Anschläge in Paris auf der imperialen Ebene natürlich »Antworten« auf die Einmischung der französischen Armee in Mali und in Syrien, auf der Ebene der Logik des Terrorkrieges dabei auch Demonstration des Einsatzwillens und der Einsatzfähigkeiten, und auf der Ebene der Taktik die Einladung an den Feind, den großen Fehler der militärischen Reaktion zu begehen. Denn jeder Einsatz äußerer Mächte, bei denen immer wieder unschuldige Menschen getötet werden, zudem Infrastruktur zerstört, Heimat vernichtet wird, erweitert die Legitimation des imaginären Imperiums.

Das Imperium vernichtet oder vertreibt die nationalen Zivilgesellschaften. Die Zivilgesellschaft, die menschliche Form des Zusammenlebens, einschließlich einer am Menschen und nicht an der Macht orientierten Form der Religion, wird auf diese Weise von zwei Seiten unter Feuer genommen. Diese Zivilgesellschaft wird verfolgt und ermordet, bevor sie ein wirksames Gegengewicht zum imperialen Traum der »Wiedergeburt« werden kann. Die Alternative für mehr und mehr Menschen ist entweder zu fliehen oder getötet zu werden, oder aber sich selber den kriegführenden Parteien zu unterwerfen (sich zu entzivilisieren) und damit der imperialen und faschistischen Logik. Darin sind sich Kriegsparteien immer einig: in der Abschaffung der Zivilgesellschaft.

4.

Ohne nationale Staaten und ohne »geformte«, lebendige und Hoffnung gebende Religion muss und will das Imperium auch als Medium einer »Identität« wirken: durch den Meta-Staat (eines erträumten Kalifats, das in Wahrheit eine geopolitische Aneignung einer Region durch die kapitalstarken und dynastisch-tyrannisch geführten Staaten wird) und durch eine Meta-Religion, die sich immer weiter abstrahiert und fetischisiert. So wird durch den islamistischen Imperialismus der Islam zu einer Religion ohne Inhalt, sie ist ausschließlich Form und Interesse.

Um den Verlust des spirituellen Gehalts auszugleichen, wird eine Kultur der Kränkung erzeugt. Eine Religion ohne Inhalt, die auch kein Selbstverständnis mehr entwickeln kann (eine Religionsgemeinschaft, die mithin vor allem durch die Angst zusammengehalten wird, ihren Ge- und Verboten nicht zu entsprechen), bedarf des Empfindens, von außen bedroht zu werden (wobei bereits die Abweichung ein Außen ist); weil sie also innerlich ohne Emotion ist, verlangt sie nach der Emotion der Kränkung oder, anders ausgedrückt, nach der Gewalt. Der arabisiert-imperialisierte und strikt einheitlich formalisierte Islam wird zu dem, was man der Religion an sich unterstellte, zu einem unbarmherzigen Unterdrückungsinstrument.

V. EUROPA IM KRIEG

Das Ziel des Imperiums ist neben einer territorialen Einheit auch diese Einheitsreligion. Daher muss der Religion das Leben ausgetrieben werden. Der eigentliche religiöse Gegner des islamistischen Imperialismus ist die Religion des Islam selbst. Die imperiale Einheitsreligion soll nicht nur die Gegenwart, sondern auch die Vergangenheit der Menschen unterwerfen (dies zur Logik der Zerstörung von Kunstwerken und Monumenten). Sie ist die Voraussetzung dieses Imperiums, das Imperium ist aber auch die Voraussetzung der Einheitsreligion. Deswegen ist es gleichgültig, ob man als religiöser Fanatiker begann, um zum imperialen Terrorkrieger zu werden, oder ob man als *natural born* Gewalttäter eine religiöse Maske für den Terror benötigte: Für den imperialen Meta-Staat sind beide gleich nützlich (und dann auch wieder: gleich opferbar).

Die Gewalt des islamistischen Imperialismus aus der Religion selbst herleiten zu wollen, führt also in die Irre, denn auch der Koran ist ein Werk voller Widersprüche und Auslegungsmöglichkeiten; man kann darin, wie in anderen religiösen Texten, das Furchtbare und das Liebenswerte finden. Das Ziel einer imperialen Religion besteht darin, dass die Menschen nicht mehr glauben, sondern gehorchen. Und sie gehorchen umso mehr, das ist ein bekanntes Prinzip historischer Faschismen, je mehr sie dafür mit Erlaubnissen belohnt werden. Mit der Erlaubnis einer Gewalt zum Beispiel, die ihren sexuellen Gehalt so wenig verleugnet wie ihren sozialen. So wie der Kern der abstrakten Einheitsreligion (die sich ein Dschihadist aus dem Westen in ein paar Tagen aneignen kann) die Kränkung ist, die unbedingt gesühnt und mit Blut übermalt werden muss, so ist der Kern ihrer Verheißung Vergewaltigung und Rache.

Sprechen wir also von einem arabischen Imperialismus, der sich eines islamistischen Faschismus bedienen will. Durch seine Faschisierung ist der islamistische Imperialismus seiner direkten Realisierung ebenso enthoben wie seiner Versprechungen auf eine geheiligte und ewige Ordnung. Die Welt muss in den Modus des Ausnahmezustands gebracht werden. Durch die Aufspaltung und Ausweitung der Kampfzonen und der imperialen Zentren freilich wurde ein bizarres Ineinander möglich: die Gleichzeitigkeit einer modernen postindustriellen Ökonomie im Finanzkapitalismus und eine Kriegs- und Plünderungsökonomie.

Gewiss wäre es nun falsch, den islamistischen Faschismus als bloßen Handlanger, als nützliche Abteilung für die schmutzigen Aufgaben anzusehen. Er entfaltet zweifellos sein Eigenleben. Und auch der Terrorismus ist nicht allein Funktion und Instrument in diesem Zusammenhang, sondern entfaltet auch ganz eigene Kräfte und Protagonisten. Deswegen muss noch einmal die Perspektive gewechselt werden: Ein Krieg braucht nicht nur Interesse und Absicht, nicht nur Technik und Kapital, sondern auch Menschen, die ihn realisieren, die bereit sind, zu töten und getötet zu werden, zu einem Teil, weil sie es wollen, zu einem anderen, weil sie es müssen. Die Beziehung zwischen beidem ist einigermaßen kompliziert und wird es umso mehr, je näher man diesen Subjekten des Krieges kommt.

V. EUROPA IM KRIEG

5.

Der Krieg benötigt Interessen (das halb-virtuelle, halbreale Imperium als neuer Machtraum) und Absichten (eine Verbindung von realer und symbolischer Ordnung, die unübersehbar und unangreifbar ist). Er benötigt Strategien (Zermürbung und Destabilisierung) und Taktiken (internationaler Terror plus territoriale Besetzungen); er benötigt Geld (Kapital des stillen Teilhabers, Profit aus Plünderungsökonomien, einschließlich Drogenhandel, Geiselnahme und schlichtem Raub, Tribute der Unterworfenen), er benötigt militärische Technologie (preiswert und mit deutscher Beteiligung auf dem Weltmarkt zu haben), Logistik und Kommunikation (ein Smartphone und GPS), und schließlich benötigt ein Krieg »Soldaten« in ihren unterschiedlichen Formen, von Berufs- und Zwangsarmeen über Söldner,

Propagandavideo des Islamischen Staates

»Krieger«, Guerillakämpfer, Legionäre bis hin zu den opferbereiten und skrupellosen »Gotteskriegern«.

Ein wesentlicher Bestandteil dieses Krieges also ist die Produktion von Kriegern mit sehr unterschiedlichem Status, vom einsamen Wolf, der auf eigene Faust Terrortaten im Sinne der Kriegsherren begeht, über den wilden Abenteurer-Krieger, dem »die Sache« weniger wichtig ist als der Lebens- und Sterbensstil und der nach Art faschistischer Männerbünde einem Todeskult huldigt, der ihn das Leben selbst verachten lässt, bis hin zum hierarchischen Befehlsempfänger und -geber. Der IS hat in seiner militärischen Realisierung eine Mischform aus Armee, Soldateska, Guerilla, Gangs, Sippen und Kommandos entwickelt, wie sie wiederum nur dem imperialen Gedanken entspringen kann. Nur die Einheitsreligion und der Glaube an das Imperium können die internen Widersprüche dieser Armee auflösen, die zugleich eine Anti-Armee ist.

Als wesentlicher Bestandteil dieser Armee, die nicht *eine* ist, erscheinen jene Kämpfer, die aus aller Welt rekrutiert werden und die sich zugleich als lebende Waffen, als Propagandamittel und als willfähriges Kanonenfutter benutzen lassen. Sie müssen »angeworben« werden. Statt mit materiellen Anreizen werden die meisten von ihnen mit einem anderen, sehr einfachen Trick geködert: mit ihrem Scheitern an und in der Zivilgesellschaft der neoliberalen Länder, vor allem, aber nicht nur in den europäischen Ländern. Der Dschihad, das Opfer, der Kampf, auch Folter und Grausamkeit sollen dieses Scheitern in den lachenden Triumph umwandeln. Es gibt sehr viele, sehr unterschiedliche, sehr widersprüchliche Gründe, an und in der Zivilgesellschaft des Westens zu scheitern, vom ökonomischen Ausschluss in der migrantisch geprägten Banlieue bis zu den unerträglichen kulturellen und moralischen Verwerfungen einer Karriere, deren Bedingungen fremd und entfremdend bleiben müssen.

Das größte Erstaunen, den größten Schock-Effekt und die größte diskursive Verlegenheit lösen also gewiss jene Protagonisten des »heiligen Krieges« aus, die nicht aus den zerfallenden Staaten des Nahen Ostens stammen, sondern aus den Zentren der europäischen Länder. Unter diesen wiederum scheinen die depravierten Bewohner der Banlieues und Migranten-Ghettos der Großstädte am »verständlichsten«, während man ratlos gegenüber jenen Terroristen und Dschihadisten reagiert, die, wie es schien, auf dem besten Wege zur »Integration« und womöglich einer bescheidenen Karriere waren oder sind. Viele der angeworbenen und nachgeordneten Terroristen (das »Kanonenfutter« des Terrorkrieges) haben eine allenfalls oberflächliche Kenntnis vom Koran; in ihren Biografien sind meistens ganz andere Impulse ausschlaggebend, darunter vor allem Kriminalität, Gefängnis, Drogen; ihr gewalttätiges Potenzial wird faschisiert, insofern es eine Erlaubnis, ja mehr noch eine heilige Pflicht wird. Dass sie für ein Imperium und eine symbolische Ordnung morden und sterben, in denen weder ein Platz für sie vorbereitet ist noch irgendein Verständnis davon vorausgesetzt wird, versteht sich von selbst.

So werden also in diesem Krieg lebende Zeitbomben eingesetzt, die, wie die anderen Formen der Bewaffnung im Terrorkrieg, mehrheitlich vom Westen selbst produziert werden. Der nackte Mensch als Waffe ist das Ziel dieser terroristischen Kriegsführung, die ihren imperialen Charakter nur nach und nach offenbart, ganz sicher nicht in den Propagandavideos des IS, wohl aber in den Schriften wie *Management of Savagery* von Abu Bakr Naji, einem ehemaligen Chefdenker von Al-Qaida verfasst. Wie authentisch dieses Buch nun ist, sei dahingestellt. Es enthält jedenfalls die Anleitung zur Produktion des Kriegers, der kein Maß für Gewalt, Grausamkeit und Todeswunsch kennt.

Nicht zuletzt rekrutiert man also die Nachwuchsterroristen mit der Hilfe von durchaus ausformulierten Praktiken, die viel weniger geheimnisvoll sind, als sie im Westen erscheinen sollen. Der Trick liegt darin, jenen Menschen, der seit Aristoteles' Idee stets mit dem wirkenden und sprechenden Menschen in einem Körper verbunden ist, auf seine Nacktheit zu reduzieren, um ihn daraus mit einer Erlösungshoffnung zu einer lebenden Waffe zu machen. Der Hass muss gesteigert, gerichtet und legitimiert werden; alle Hemmungen müssen überwunden, alle Brücken zur Zivilgesellschaft und ihren Regeln zerstört sein.

Das Versprechen für den kommenden Terroristen lautet also:
- Die Gewalt, die in dir ist, soll nicht länger unterdrückt, sondern in den Dienst der guten Sache gestellt werden.

- Die Schuld deiner früheren Untaten wird durch noch größere Untaten in diesem Dienst getilgt.
- Statt Strafe zu fürchten, darfst du Belohnung erhoffen (wenngleich auch möglicherweise erst im Jenseits)
- Deine Sexualität darf sich in Narzissmus, Sadismus und Performance auflösen; auch deine »unordentliche« und verwirrende Sexualität wird einem fundamentalen Ordnungsprinzip unterzogen. Du darfst nicht lieben, aber du darfst vergewaltigen.
- Wenn du das Selbstopfer mit einbeziehst, gibt es für dich kein Scheitern mehr. Alles an dir, jede Geste, jedes Zeichen, jedes Gerät, jede Waffe, jede Fahne, jeder Gesang ist Triumph im Echo der Angst der anderen.
- Bevor du stirbst, darfst du Macht genießen.
- Was immer du in unserem Dienst tust, macht dich zum Star, dem Anerkennung, Unterwerfung, Hingabe sicher sind. Niemand lacht über einen Terroristen.
- Als Belohnung für deine Unterwerfung erhältst du eine fundamentale moralische »Freiheit«, die eine Zivilgesellschaft dir niemals geben kann.
- Deine Entscheidung gegen das Leben macht dich unsterblich.
- Jetzt kannst du es allen zeigen!

6.

Wir haben den Kriegsgrund: Die Herrschaft einer kapitalstarken dynastischen Macht soll über ein für das postfossile Zeitalter zu schaffendes Imperium, die von der modernen – der Herrschaft über die Körper und den Geist der Menschen – zu einer traditionellen Form – der Herrschaft über die Grenzen und ihren Verlauf – ausgedehnt werden soll. Wir haben die diversen Beschleunigungen: den Zerfall der Staaten, der auch vom Westen tatkräftig unterstützt wurde, die verzweifelten Identitäts- und Religionskonflikte, das Scheitern der Zivilgesellschaften mit den Hoffnungen auf eine halbwegs funktionierende, halbwegs gerechte, halbwegs einigende Ökonomie, die Erfahrungen von Ohnmacht, Ausbeutung, Unterdrückung usw. Und wir haben ein Dispositiv des Krieges: ein wachsendes Empfinden der Notwendigkeit einer katastrophischen Entladung der Spannungen und Lähmungen. So entsteht das Bild eines paradoxen imperialen, religiös aufgeladenen und anti-zivilisatorischen Befreiungskrieges. Es spricht für die Ignoranz in seiner Welterzählung, wenn im Westen all das in erster Linie als »rückwärtsgewandt« interpretiert wird. Ebenso gut könnte man es auch als etwas vollkommen Neues, als post-soziale Herrschaftsform ansehen.

Es ist entscheidend, dass es sich um einen islamischen Staat und nicht um eine islamische Nation handelt; es ist eine weitere Abstraktion: Das Imperium – anders als der klassische Nationalstaat – nimmt ja alle Menschen auf, unabhängig von der Herkunft, wenn auch in verschiedenen Entfernungen von den Zentren der Macht. Das Imperium (als Idee eines vollkommen offenen Zusammenhalts noch sehr unterschiedlicher Gruppen) ist transnational. Männer und Frauen aus mehr als 90 Ländern kämpfen mittlerweile für den IS. Eine Schätzung von Interpol geht davon aus, dass etwas mehr als 30 % seiner etwa 25.000 Soldaten aus Europa kommen.

Das Imperium verspricht eine neue Heimat für all jene, die sie nicht in der Nation und im Staat, nicht in der Gesellschaft und in der Sprache, nicht in der Erzählung und den Bildern, nicht einmal in einer Stadt gefunden haben, und in seiner Gründungslegende ist das Imperium um Wesentliches flexibler und nachgiebiger als die Nation. Das Imperium lässt sich, anders als die Nation, durch Luftangriffe so wenig beeindrucken wie durch geschlossene Grenzen. *Jeder* kann in den Dienst des Imperiums treten; Unterwerfung ist das einzige Kriterium.

Man muss also wohl die Dialektik von Imperium und abstrakter, also fundamentalistischer Religion in alle Elemente mit einbeziehen. Der Dschihad ist das exakte Negativ etwa einer deutschen Nation, die niemand Fremden aufnehmen, die Grenzen schließen, die Neuzugänge demütigen will; der Dschihad ist für jeden offen, er erniedrigt den Ankömmling nicht, sondern er erhöht ihn, er ist auf kein enges Territorium begrenzt, sondern strahlt in die ganze Welt aus. Der europäische Neo-Nationalismus und der dschihadistische Imperialismus bedingen einander also in mehr als einer Hinsicht. Jeder ist auf vertrackte Weise Produzent des anderen.

Die Flüchtlinge nun geraten, aus einer ausweglosen Situation in ihrer Heimat, in eine nur wenig verbesserte in der Fremde; der Widerspruch zwischen diesem Nationalismus (Rassismus inbegriffen) und dem Dschihadismus (das Töten Unschuldiger und der eigenen Person inbegriffen) holt sie ein. Sie werden zur Manövriermasse in dieser Auseinandersetzung, vor allem deswegen, weil sie von der Zivilgesellschaft, zu der sie eigentlich wollen, die die einzige Möglichkeit ihres menschlichen Überlebens ist, nicht zügig, umfassend, freundlich und vernünftig aufgenommen werden. Was die Flüchtenden wollen – Freiheit, (bescheidener) Wohlstand, Würde und Frieden –, ist exakt das, was die Neo-Nationalisten des gescheiterten europäischen Imperiums ihnen verweigern wollen. Die Befürchtung, mit den Flüchtlingen kämen auch die Terroristen und Dschihadisten ins Land, mag sich so im Einzelfall gar in eine selbst erfüllende Prophezeiung verwandeln, auch wenn sie gerade Krieg und Terror entflohen sind: Das Scheitern in und an der Zivilgesellschaften setzt sich fort.

Das Making-of eines europäischen Dschihadisten beginnt mit einem Bruch mit der Zivilgesellschaft. Was daran Flucht und was Aufbruch, was freiwillig und was gezwungen, was bewusst und was unbewusst ist, das bleibt eine Sache des Einzelnen. Da der Mainstream im Westen nicht verstehen kann und nicht verstehen will, was da geschieht, werden indes unentwegt ideologische Modelle erzeugt, »Erklärungen«, die noch unsubtiler sind als das *Management of Savagery*.

Da gibt es eine Schimäre einer »Generation Allah« unter jungen Muslimen in aller Welt und auch in den westlichen Gesellschaften. Die Mitglieder dieser Generation Allah seien alle nur ein paar Hasspredigten und ein paar Propagandavideos des IS davon entfernt, zu willigen Terroristen zu werden. Die Salafisten in den Ghettos würden die Menschen der Generation Allah in den Straßen und in den Ghettos, aber auch in den Schulen und Universitäten erkennen und rasch und gezielt in den entsprechenden Einrichtungen umziehen. Was bei Ahmad Mansour[2] noch als sozialwissenschaftliche Beschreibung durchgehen mag, bekommt bei Jörn Kruse, dem Vorsitzenden der Hamburger AfD, den zynischen Geruch einer Täterdefinition aus dem Geist von Rassismus und Neoliberalismus; es sind bei ihm »die vier M: männlich, Migrant, Muslim, Misserfolg«[3].

Der Bruch mit der Zivilgesellschaft, mit dem Liberalismus, mit der individuellen Verantwortung und dem Konzept der Freiheit ist in gewisser Weise beschreibbar, die Existenz einer »Generation Allah« dagegen allenfalls eine Vermutung, im schlimmsten Fall eine Beschleunigung in einem Prozess der selbst erfüllenden Prophezeiungen. Denn offensichtlich, immerhin, scheint bei unserem Kenntnisstand, dass es weniger die Muslime sind als eben solche, die Probleme mit der Religion und der Tradition haben, solche, die es nicht schaffen, sich zugleich in der Zivilgesellschaft und in ihrer Religion aufgehoben zu sehen. So könnte man sagen, einer der Tricks der dschihadistischen Propagandisten bestehe darin, eine Wahl zu eröffnen: Du wirst aufgehoben in der Religion, wenn du den Bruch mit der Zivilgesellschaft vollziehst. So drehen sich Zuschreibungen und Versprechungen im Kreis; die Erzählung des Dschihadisten wird von mehreren Seiten her kontrafaktisch erzeugt, denn so wenig es nur die »gescheiterten Existenzen aus dem Migranten-Ghetto« sind, die in den Dschihad ziehen, so wenig sind es nur »wahre Gläubige«, die sich nach dem Märtyrertod sehnen.

Die Zivilgesellschaft kann Menschen auf verschiedene Weise zurückweisen, nicht allein dadurch, dass sie ihnen Platz, Hoffnung und Aufstieg verweigert, nachdem Bildung, Sprache und Diskurs verfehlt wurden. Mit »Generation Allah« werden ausgerechnet jene belastet, die im Glauben eher Sicherheit finden könnten, denn zum Dschihadisten wird man nicht durch Sicherheit, sondern durch Fremdbestimmung: Das Imperium und die Einheitsreligion aber sind gerade Zufluchtsort sehr unterschiedlicher Biografien, sehr unterschiedlicher sozialer und psychischer Krankheiten, wenn man so will, sehr unterschiedlicher Brüche.

7.

Die Produktion von Soldaten, Kriegern und lebenden Waffen ohne moralische Hemmungen erfolgt mithin auf einem weiten Feld, das durch Begriffe wie »Generation Allah« gedüngt wird. Die »Zielgruppe« ist wenig klar: Weder die Hassprediger und Propagandisten noch die Aufklärer haben ein eindeutiges und verlässliches Bild von den »Gefährdeten«. (Auch unsere These vom Scheitern an und in der Zivilgesellschaft behauptet nicht, alles und alle zu erklären.) Von daher ist es konsequent, dass der Propaganda des IS Pop-Elemente gelegen kommen, die, wie wir wissen, zweideutige, offene und künstliche Komponenten enthalten. Pop-Elemente in der Dschihad-Propaganda sagen, dass man nicht alles direkt nehmen muss, so wie Nazi-Rock eben nicht nur ein Transportmittel, zeitgemäß und zielgruppengenau, ist, eine »Ideologie« an die geeigneten Adressaten zu verfrachten, sondern zum Ausdruck bringt, dass Faschismus vor allem Spaß macht, geil ist, sexuell und lustvoll. Dasselbe erscheint bei Videos des IS, die an Actionmovies und Videospiele erinnern, die Geilheit und Spaß signalisieren, in den ideologischen und religiösen Anforderungen aber zugleich vage bleiben. Konsequent werden die beiden Hauptelemente der populären Kultur eingesetzt: der Schock und die Wiederholung. Deshalb erübrigt sich die Frage, ob es sich bei der Propagandaarbeit des IS eigentlich um besonders plumpe oder besonders raffinierte Formen der Verführung handelt. Sie kann niemanden erreichen, der entweder in der Zivilgesellschaft oder in seiner Religion oder sogar in beidem »daheim« ist. Sie zielt indes genau auf den dreifachen Bruch: auf den Bruch des Generationenkonflikts (der Dschihad ist offenbar für viele junge Männer eine legitimierte Befreiung von der Familie), auf den Bruch der kulturellen Identität (das Leben in zwei Kulturen, das im geglückten Fall so kreativ sein kann, erweist sich im missglückten Fall als doppeltes Gefängnis) und auf den Bruch mit der Zivilgesellschaft, die Zuwendung, Bildung, Zukunft und Diskurs verweigert. Man kann eine einfache Rechnung aufstellen: Wenn eine Gesellschaft eine bestimmte Anzahl von jungen, tatkräftigen Menschen hervorbringt, denen Arbeit, Wohlstand,

Aufstieg und Orientierung verweigert wird, entstehen Impulse von Migration, Kriminalität und Revolte. Der europäische Dschihadist vereinigt alle drei in seiner radikalen Geste gegen »alles«, was dem Imperium und der Einheitsreligion entgegensteht. Dabei freilich hat er immer noch den Kopf voll mit den Medienbildern und Riten der Kultur, gegen die er sich wendet.

Die Generation Allah (die es nicht gibt) trifft auf ein Pop-Dispositiv (das es ebenfalls nicht gibt); und so wäre ein Making-of des jungen Dschihadisten rasch beieinander. Was es indes gibt, ist die Kultur der Kränkung. Als Generation Allah gebrandmarkt, erscheint man sozusagen von der Zivilgesellschaft schon aufgegeben, wenn nicht gar ausgeschlossen.

Freilich darf man die Funktion dieses aus der westlichen Zivilgesellschaft entwachsenen und ausgestoßenen Terrorkriegers weder unter- noch überschätzen. Für die eigentlichen Strategen des Imperiums und der Einheitsreligion haben sie vor allem Bedeutung als »barbarische« Grenzgänger, Opferwaffen und propagandistische Performer.

Es geht also darum, dass die imperiale und religiöse Macht die Zivilgesellschaft (natürlich auch erst einmal ein Mythos) treffen will. Erdoğan begann im Schatten des Krieges gegen den Terror seinen fast schon privaten Krieg gegen die Kurden und seinen sehr offenen Krieg um die Macht; eines der politischen Opfer der Anschläge von Paris waren die Umwelt- und Klimaschutzaktivisten, deren Demonstration mit erwarteten 300.000 Teilnehmern verboten wurde. Natürlich aus

V. EUROPA IM KRIEG

Sicherheitserwägungen. Russland und Iran versuchen durch ihr militärisches Eingreifen eben die Kräfte zu schwächen, die weder auf der Seite des IS noch auf der des Diktators Assad stehen. Es scheint ein Kalkül aufzugehen, in dem die Terroranschläge vor allem als Brandbeschleuniger dienen, nämlich dass der »Krieg gegen den Terror« sich in Wahrheit in einen Krieg der noch stabileren Mächte untereinander verwandelt. Das Imperium (real oder erträumt oder irgendetwas dazwischen: schließlich baut der IS »staatliche« Strukturen insoweit auf, als er »Steuern« erheben und souveräne Entscheidungen über das Leben der Bewohner treffen kann) obsiegt zu Teilen nicht nur über die nationalen Zivilgesellschaften und die religiöse Vielfalt, sondern auch über eine geopolitische, sogar eine militärische Vernunft, indem es seine möglichen Gegner aufeinanderhetzt – wo diese nicht von vornherein den Aufstieg des IS in eigenes Machtkalkül übersetzen. Auch dies wiederum verbindet die Makrostruktur dieses Krieges mit seiner Mikrostruktur, die Absichten des IS mit der mörderischen Paranoia seiner Krieger: Der Gegner in diesem Krieg wird zugleich erzeugt und zersetzt; die »Perversion«, gegen die der Dschihadist seine Bomben zündet und seine Gewehre feuert, setzt sich im Machtwirrwarr der Gegner fort. Der IS-Traum vom Imperium der Einheitsreligion mag die ganze Welt zum Feind haben, aber die ganze Welt ist nicht einig in ihrer Feindschaft gegenüber dem IS. Daher ist keine konsistente »Kriegserklärung« möglich, und die Regierungen haben zunehmend Schwierigkeiten, ihr Verhalten in diesem

Krieg ihren Gesellschaften zu erklären. Und so wie es keine wirkliche Einigung der kriegführenden Nationen gibt, gibt es auch keine Einigung zwischen Regierungen und Gesellschaften. Zwar verwandeln sich die Zivilgesellschaften zunehmend in Kriegsgesellschaften, in denen immer mehr an Bürger- und sogar Menschenrechten abgegeben werden oder einfach in der Panik verschwinden, aber deswegen verwandelt man sich noch lange nicht in ein handlungsfähiges Subjekt der Auseinandersetzung. Dem Kriegszustand entspricht keine Kriegführung, und während die nationalen Demokratien zunehmend an Legitimationskraft verlieren, verlieren auf der anderen Seite die Regierungen durch diese Verhältnisse an Autorität.

Der Selbstermächtigung des Dschihadisten steht eine Ohnmachtserfahrung der Zivilgesellschaften gegenüber, die in keinem rationalen Zusammenhang mit den wirklichen Verhältnissen steht. Der Terror treibt der Zivilgesellschaft die Bemühungen um die Rettung ihrer Welt aus. Zugleich trifft er aber auch ihr durchaus bescheidenes Belohnungspotenzial von Liberalität, Genuss und Diskurs.

So entsteht eine Sehnsucht danach, der Krieg möge endlich beginnen, wie auch immer und in welchem Zusammenhang. Krieg, so verrückt es klingen mag, ist gegenüber dem Terror gar etwas Tröstliches. Umgekehrt gieren die entsprechenden Spiegel-Kräfte inmitten der westlichen Gesellschaften danach, in die Kriegslogik eintreten zu dürfen. Wer im Internet unterwegs ist und Lesermeinungen zu Kommentaren liest, kann sich des

V. EUROPA IM KRIEG

Eindrucks nicht erwehren, dass sich viele Deutsche danach sehnen, dass endlich eine Bombe in Berlin oder München explodiert, damit das Land »aufwacht« und endlich, endlich den Krieg gegen den Terror (oder doch den Krieg gegen alles Nicht-Deutsche, Ausländische und insbesondere Muslimische) beginnt. Einer wie Anders Breivik hat dann die Aufgabe gleich selbst erledigen wollen, ein lachender Täter, der in die Rolle des Gegenübers schlüpft.

Faschisierung ist eine Antwort auf das Scheitern in der und an der Zivilgesellschaft (was weder heißt, dass jedes Scheitern in der Zivilgesellschaft zur Faschisierung führt, noch dass jeder Faschist ein in der Zivilgesellschaft gescheiterter sein muss). Die Antwort des Westens auf das Phänomen der dschihadistischen Faschisierung (der Faschisierung der »Fremden« in einer Gesellschaft) ist konsequent absurd, nämlich eine immer weitere Verengung und Reduzierung dieser Zivilgesellschaft. Als Abwehr gegen den Terror wird die Aufnahme durch die Zivilgesellschaft immer unwahrscheinlicher und daher die Produktion des Terror-Nachwuchses (in der dschihadistischen wie in der neofaschistischen Richtung) wahrscheinlicher. Der Neoliberalismus frisst indessen die Grundlagen der Zivilgesellschaft auf. Seine Ausrichtung auf unbarmherzigen Wettbewerb, soziale Kälte und die gleichgültige Produktion überflüssiger Menschen ebenso wie seine Entkultivierung und Barbarisierung erzeugt die Heere der materiell, kulturell und eben auch moralisch Scheiternden. Zugleich ist diese Zivilgesellschaft innerlich zerrissen; ihr einstiger Vorzug, nämlich die Liberalität, hat sich in der Kapitalisierung immer weiterer Lebensbereiche in sein genaues Gegenteil verwandelt; Toleranz und Dialog sind wie Solidarität und Diskurs zum Minderheitenprogramm geworden. Vielleicht ist gar absehbar: Das Konzept der Zivilgesellschaft ist selbst zum Scheitern verurteilt.

Als Krieger bekommt man etwas für seine Unterwerfung. Wer in der Zivilgesellschaft von Kapital, Arbeit und Alltag »gehorcht«, ist noch lange nicht auf der sicheren Seite; im Gegenteil, der Glauben an die Zivilgesellschaft führt mit schöner Regelmäßigkeit zum massiven Scheitern. Der Krieger dagegen wird durch den Gehorsam Teil der großen, imperialen und symbolischen Ordnung. Er wird belohnt mit dem Wissen um den Platz, der ihm zugewiesen wird und den ihm niemand streitig machen kann außer dem Feind und außer dem Echo der Zivilgesellschaft, das er in sich abtöten muss. Als Terrorist muss dieser Krieger nicht nur töten – präzis, effizient, nach der Zahl der Opfer bei geringem Aufwand gierend, aber auch »ästhetisch«, für ein Schauspiel des Grauens und der Verzweiflung –, er muss auch Dinge zum Schweigen bringen, möglicherweise auch in sich selbst.

Der Einfluss von Saudi-Arabien und seinem Überschuss-Kapital, das sich immer wieder auch mit kriminellem Kapital verbindet (denn wie kann sich ein mafiöser Clan besser in einem Milieu sichern, als indem er sich als Wohltäter durch die Errichtung von Moscheen, Kulturzentren und anderen Instrumenten der »Islamisierung« – und der Arabisierung und Salafisierung des Islam – präsentiert?) erzeugt nicht nur Propaganda, sondern auch logistische Netzwerke, Verstecke und Tarnexistenzen. Dieses saudi-arabische und mafiöse Geld wirkt natürlich auch in die andere Richtung, es kann Politiker, Polizisten und Sozialarbeiter kaufen, es kann sich Duldung und Wegsehen erkaufen. »Trotz der Nähe zum Terror nimmt die deutsche Wirtschaft munter Geld von arabischen Potentaten. Muss das sein?«, fragt der Wirtschaftsteil der *Frankfurter Allgemeinen Zeitung* und antwortet: »Ende 2014 verfügten die Staatsfonds von Abu Dhabi, Saudi-Arabien, Kuwait und Qatar nach Berechnungen des Sovereign Wealth Fund Institut über die sagenhafte Summe von 2,3 Billionen Dollar, Geld, das auch in westlichen Aktien und Anleihen steckt. Je länger der Ölpreis niedrig bleibt, desto mehr Geld werden die Scheichs von den Kapitalmärkten abziehen, um ihre Staatshaushalte zu entlasten. Einen Vorgeschmack darauf gab es im September, als der saudi-arabische Staatsfonds mehr als 50 Milliarden von internationalen Fondsgesellschaften zurückbeorderte. Von einem Schwarzen Montag sprachen Fondsmanager damals. Es dürfte nicht der letzte gewesen sein«.[4] Und in derselben Ausgabe der *Zeitung für Deutschland* lesen wir: »Terror bremst Frankreichs Wirtschaft«.[5] Es gibt also neben dem territorialen Krieg einen Krieg auf den (Finanz-)Märkten, und es gibt einen Krieg in den Banlieues. Wenn wir nach den Zusammenhängen dieser drei Kriege fragen, können wir der Spur des Geldes bis in die Ghettos hinein folgen.

Es ist nicht das Problemviertel an sich, sondern der Fluss dieses doppelten Kapitals, das sich in seiner kriminellen Konvenienz schließlich auch religiös »waschen« lässt, was die Zeitbombe des Dschihadismus erzeugt. Wenn es etwas gibt, gegen das die westliche Kultur vollkommen machtlos ist, dann ist es Kapital. In den »Problemvierteln« verbinden sich Medienmüll und Pop-Paranoia mit Propaganda, während sich in der Logik des Neoliberalismus die staatliche Fürsorge, die kulturelle Vielfalt und die Sozialarbeit immer weiter zurückziehen. Wie es der IS in Ländern wie Syrien oder im Irak praktiziert, so kann sich die Einheit von Mafia-Geld, saudischem Kapital und lokalen Agenten auf zwei Weisen zeigen, in einer fürsorglichen, die in Not geratenen Familien hilft, die medizinische Versorgung bereitstellt, die sich als Alternative zu Droge, Verbrechen und Gefängnis darstellen kann, und in der heroischen des dschihadistischen Auswegs. Es mag jene Fälle geben, in denen aus Ghettos wie dem belgischen Molenbeek Dschihadisten kommen, deren Familien entweder »nichts gewusst« haben oder die sogar vergeblich versucht haben, diesen Weg ihres Sohnes zu verhindern; strukturell aber ist es genau diese Doppelgesichtigkeit von Fürsorge und Großzügigkeit auf der einen, Mordlust und (sexueller) Gewalt auf der anderen, welche als Attraktor dient. Der Dschihadist ist »besser« als der Kriminelle, so wie im Ghetto nebenan der Neonazi »besser« als der Kriminelle ist, ungeachtet der Tatsache, dass es nicht nur der Kriminelle ist, der sich »radikalisiert«, wie man so sagt, sondern dass sich der

V. EUROPA IM KRIEG

Dschihad auch schamlos der kriminellen Strukturen und Organisationen bedient, mit denen er verbunden bleibt. Drogen- und Menschenhandel, Kunstraub und Technologie-Transfer können den »Heiligen« Krieg nur mitfinanzieren, wenn es eine Zusammenarbeit gibt. So wenig also die vollständige Verwandlung des Pop- und Trash-affinen Ghettobewohners in den religiösen und imperialen Krieger vollständig gelingen kann (und soll), so wenig vollständig wird die Verwandlung des Kriminellen in den Dschihadisten vollzogen. Mindestens genauso wichtig ist die korrupte Ökonomie des Westens, aus dem man einerseits seine Waffen bezieht, den man andererseits weiter mit dem begehrten Stoff Öl versorgt. Das Iraq Energy Institute schätzt die Einkünfte des IS aus dem Ölschmuggel auf 2,8 Millionen Dollar pro Tag.[6] Der Kreislauf von Kapital, Kriminalität und Terror ist also vollkommen offensichtlich; halb wissend, halb verblendet, entscheidet der Westen sich jedoch für Kriegsgesten, die ins Leere gehen, mehr noch: die fördern, was sie zu bekämpfen vorgeben.

Eine islamische Community, die unter den Bedingungen der neoliberalen Produktion von Arbeitslosigkeit, Perspektivlosigkeit und Deregulierung leidet, in die saudisches und mafiöses Kapital und entsprechende Agenten einsickern können, die keine starke innere Abwehrkraft hat, etwa in der Form der authentischen Religion oder der sozialen und kulturellen Solidarität, die von Politik, Polizei und Sozialarbeit mehr oder weniger aufgegeben oder durch Korruption vernebelt wurde, in die kaum Bildung und Kultur, wohl aber alle Formen des popkulturellen Abfalls reichen, in denen Menschen schneller und leichter kriminell werden als eine halbwegs würdige Arbeit zu finden, eine solche islamische Community ist mehr oder weniger verloren an radikale Islamisten. (Nebenan vollzieht sich das fast Gleiche in der Produktion nationaler, rassistischer Faschisten im Ghetto der »europäischen« Verlierer.) Der Druck äußerer Verachtung und die Parolen der »Gewinner« tun in beiden Fällen ein Übriges, den Bruch mit der Zivilgesellschaft schließlich zu vollziehen. Es gibt nichts mehr zu hoffen dort, es gibt nichts mehr zu träumen.

Die Anschläge in den europäischen Kernländern werden oft nicht von »Ausländern« verübt, sondern von Menschen, die »hier« groß geworden sind. Ob einer zum »Schläfer« wird oder zum Dschihadisten in Syrien, zum Kanonenfutter oder zum Propagandisten, das hängt von seiner (sozialen) Intelligenz und seiner »Brauchbarkeit« ab.

Die Ikonografie des Terrors erzeugt das »nackte Bild« der Zerstörung mit einer bizarren Wahrheit des Schreckens: die rauchenden Türme, die zerbrochenen Eisenbahnwaggons, die fliehenden Menschen im Konzertsaal, die lachenden Täter in der Redaktion von *Charlie Hebdo*. Die Wahl der Ziele, abgesehen von der puren Möglichkeit, viele Opfer zu treffen, viele grausame Bilder zu erzeugen, erfolgt nicht zufällig. Könnte man, wie es die französische Presse getan hat, eine »Generation Bataclan« identifizieren, lebenslustige, bürgerliche, liberale, konsum-affine, hedonistische, freizügige, entspannt erfolgreiche junge Menschen, kurzum, das eigene Ge-

genbild, das, was man hätte werden können, wenn die Zivilgesellschaft eben Platz für einen gehabt und etwas von ihrem Reichtum und ihren Möglichkeiten abgegeben hätte? Die Liberalität dieses Ortes umfasste auch die Auftritte muslimischer Rapper. Es sind keineswegs die Vertreter der harten Gewinner des Neoliberalismus, noch sind es gar explizite »Feinde«, als vielmehr jene, die sich den Spaß am Leben auch im Prekariat nicht nehmen lassen wollen. Es ist die Mischung, die Begegnung, die Offenheit (und natürlich: der Sex), was hier angegriffen wird. Die Anschläge in Paris jedenfalls scheinen zu bestätigen, dass hier nicht nur gezielt die Hauptstadt jener Nation angegriffen werden sollte, die sich der »Einmischung« schuldig gemacht hatte und als Agent im nicht erklärten Krieg gegen den Terror wirkte, sondern auch eine sehr genau bestimmte Art von Menschen, kreative und hedonistische junge Menschen am Rand zwischen Prekariat und Karriere, zwischen Ausbildung und Familie, zwischen kulturellem Eigensinn und Mainstream. Vielleicht ist diese Identifikation der Opfer aber auch nur eine Selbsttäuschung des angegriffenen Systems, es seien, wie es in der *taz* hieß, »Menschen, die zum Leben ja sagen« würden, und beinahe meint man in dieser Identifikation eine Werbekampagne, eine Medienideal am Werk zu sehen. Ein Identifikationsmodell mithin.

Auch in Beirut, nur zum Beispiel, werden immer wieder Menschen Ziel von Angriffen, die es wagen, ein Leben zu führen, das noch Gemeinsamkeit und Vergnügen bedeutet, das sich ins Offene wagt, aber natürlich sind es hier vor allem Schiiten, die von den Selbstmordattentätern getroffen werden sollen. Das eigentliche Ziel ist am Ende nicht so sehr eine »moralische« Geste gegen den weltlichen Lebenswandel, sondern immer die rigide Einheitsreligion, die alles außer ihr mit dem Tod und der Zerstörung bedroht, in der Vergangenheit (in Form der Vernichtung der religiösen Monumente und Kunstwerke), in der Gegenwart (in Form der Vernichtung von Menschen) und in der Zukunft (in der Form eines institutionalisierten Terrors im Kalifat). Es geht, metaphorisch gesprochen, darum, lachend das Lachen zu töten[7]; das Begehrte (wie es der westliche Kapitalismus, wie es aber möglicherweise auch schon eine menschenfreundlichere Version der Religion zu verkörpern scheint) zu bekommen, indem man es vernichtet.

Propaganda und Pop-Traum des Dschihadismus richten sich genau an den Kern des lachenden Täters. Das Online-Magazin *Dabiq*, das es auch in englischer und deutscher Sprache gibt, arbeitet etwa mit Bildkompositionen, die wie aus dem Lehrbuch der Bildpsychologie erscheinen: dunkle, vage Schattenwelten, die von links her in ein Feuermeer verwandelt werden, und davor der vermummte Gotteskrieger mit dem geschulterten Maschinengewehr und, möglicherweise, dem Sprengstoffgürtel. Es ist zweifellos eine Anmutung zwischen Hollywood und Kosmetik-Werbung.

Der Ikonografie der *Dabiq*-Bildwelten entsprechen die Propaganda-Videos, die die Sprache von Hip-Hop und Graffiti, Appropriation Art und Culture Jamming übernehmen. Die Gewalt und die Konstruktion der la-

V. EUROPA IM KRIEG

chenden Täter wird hier deutlich: »I'd like to join the Islamic State … and kill with them«, lautet der englische Untertitel zu einem der immer wiederkehrenden Bilder von Männern mit hochgereckten Fäusten und Waffen auf einem Panzer. Es ist schon beinahe wieder ein »gewohntes« Rollenbild vom Rapper, der zum Dschihadisten und Terroristen wird, wie Denis Cuspert als Deso Dogg aus Deutschland oder Chérif Kouachi in Frankreich. Die Pose des Rappers ist die Selbstermächtigung; er steht buchstäblich auf und erhebt seine Stimme gegen seine Marginalisierung, gegen die Macht, die ihn zum Schweigen bringen will. Aber immer ist auch die Verwandtschaft zur »flammenden Rede« des politischen Agitators und die Predigt des Propheten aufgefallen: Es geht hier nicht ums Tanzen. Die Pose des Rappers, so unterschiedlich sie auch ausfallen mag, ist stets eine Form der Isolation (im Gegensatz zu den diversen Verschmelzungen der Rock-Musik), eine Form der »Nacktheit« (des nackten Lebens im aristotelischen Sinn, wenn man so will). Die Frage der »Ernsthaftigkeit« ist in diesem Auftritt noch nicht entschieden; der Bruch, der im Rap vollzogen wird (im Gangsta-Rap zum Beispiel mit der »bürgerlichen« Gesellschaft, im *conscious* durchaus mit Regierung und Gesellschaft, im biografischen mit Familie und Nachbarschaft etc.), kann noch geheilt werden, oder? Es geht also darum, über den Punkt des Ernstmachens hinauszugelangen. Dschihadistische Propaganda, die popkulturelle Formen kapert, steuert genau diesen Punkt an. Mit »Spielst du noch oder kämpfst du schon?« (in Anlehung an den IKEA-Slogan »Wohnst du noch oder lebst du schon?«) wird in einer Übermalung von *Grand Theft Auto* dazu aufgefordert, endlich ernst zu machen. An anderer Stelle wird der bekannte Slogan »YOLO« (You only live once) codiert als Aufforderung zu ungehemmtem Lebensgenuss, in YODO (You only die once) umcodiert auf die Frage: »Why not make it martyrdom?« Der Übergang von Pop-Ironie über Spiel und Trash-Fantasie zum blutigen Ernst ist fließend und nicht vorstellbar ohne den Zusammenhang mit anderen Wirkkräften. Aber mittlerweile gibt es einen konstanten Fluss, schon beinahe so etwas wie eine dschihadistische Kulturindustrie, die ein mediales Grundrauschen und eine Vielzahl von Anknüpfungspunkten erzeugt. Der Stachel, der sich da ins Fleisch des Adressaten bohrt, ist auch die Angst, aus dem kindlichen Spiel, der Imitation, dem Unernst dieser Kultur nicht mehr herauszukommen. Der Aufbruch in die blutige Wirklichkeit erscheint so als Befreiung. Im Übrigen sehen wir auch bei diesem Rekrutierungstrick, wie wenig Religion inhaltlich eine Rolle spielt.

Mit den Anschlägen in Paris freilich wird auch die Brücke zum Pop vernichtet; Fußball, Rockmusik und das Abhängen in einer Bar gehören zum jugendlichen Alltagsleben in einer europäischen Metropole, noch vor aller religiösen, ethnischen oder kulturellen Identifikation. Es sind Elemente einer globalen Jugendkultur. Konnten die Anschläge zuvor, wie die auf *Charlie Hebdo*, noch in der Kultur der Kränkungen als zielorientiert gelten und damit in bestimmten Milieus auf eine klammheimliche Zustimmung stoßen, so zeugen

V. EUROPA IM KRIEG

diese von dem Bemühen, alle Brücken hinter sich zu vernichten. Das Ernstmachen hat eben das zerstört, aus dem man kam: Pop als ambigue Form der kulturellen Mischungen, als Schmelztiegel und Experimentierfeld. Im Konzertsaal, in der Bar und im Fußballstadion wurden nicht strukturierte Gruppen, sondern im Gegenteil eine vermischte Masse getroffen, Moslems wie Christen, Juden wie Atheisten. Ist die Tatsache, dass das *Bataclan* von jüdischen Eigentümern geführt wurde und dass dort auch pro-israelische Veranstaltungen durchgeführt wurden, mit ein Grund für die Auswahl dieses Anschlagsziels gewesen? Sind die Eagles of Death Metal deswegen ausgewählt worden, weil sie bei einem Konzert in Jerusalem ihre Solidarität mit Israel bekundeten? Oder aber, weil sie eben die Ästhetik des »Death« im Metal auf ironische Weise wieder ins Menschliche und Hedonistische biegen und damit den Todeskult der dschihadistischen Propaganda unterlaufen? Oder weil diese Eagles of Death Metal für Menschenrechte, für Emanzipation und für die Rechte der Homosexuellen eintreten? Wenn es eine Logik gibt, dann ist es eine, die von der Propaganda in die Paranoia zurückschwappt. Der dschihadistische Terror bedient sich zwar, sadistisch und zynisch wie die neofaschistische Propaganda, der Elemente der Popkultur, aber zugleich ist Pop, als eine offene Kultur des Lebensgenusses, auch einer der ärgsten Feinde. Wenn aus dem Spiel ernst geworden sein soll, muss das Spielfeld gleich mit vernichtet werden. Es ist möglich, dass sich die Propaganda mit diesen Anschlägen überdehnt

HASS UND HOFFNUNG

Die neue Anti-Terror-Einheit »BFE+« der Bundespolizei stellt sich im Dezember 2015 der Öffentlichkeit vor

hat, ebenso aber ist auch möglich, dass es ein Signal zu einer weiteren Radikalisierung ist.

Die Bilder des Terrors sind die Botschaft, die wiederum den radikalen Bruch im adressierten Land bewirkt: Gegenüber diesen Bildern kann man sich nicht liberal verhalten, man kann sie weder akzeptieren noch erklären noch einordnen; sie provozieren die fundamentale Geste des Krieges, sie lassen die Zivilgesellschaft nicht intakt.

In der Grammatik des Krieges gilt es zu unterscheiden zwischen einem Staat, der sich im Krieg befindet, und einer Gesellschaft, die sich im Krieg befindet, einer Gesellschaft, die nicht nur unter Kriegsrecht steht, sondern auch im kriegerischen Erregungszustand. Dabei geht es nicht nur um die »Zustimmung« zwischen dem kriegführenden Staat und der Gesellschaft im Krieg, sondern um eine grundsätzliche Umwandlung des Lebens, der Sprache und des Körpers. Es geht um die Umwandlung der Zivilgesellschaft in die Gesellschaft im Krieg.

Der imperiale Gedanke erfordert einen Anschlag wie den in Paris, der etwas beweist: Nicht mehr die Einzeltäter und einsamen Wölfe oder kleinen Zellen können dem feindlichen Land gefährlich werden, sondern zentral gesteuerte, koordinierte und exakt geplante Angriffe, ausgebildete Terroristen, Kooperationen von *homegrown* Terroristen und eingeschleusten Agenten und aus verschiedenen Ländern, die offensichtlich Teams von Spezialisten bilden (auch hier wieder eine Analogie zum organisierten Verbrechen). Ein solcher Anschlag kann einen Triumph erzeugen, der über territoriale und militärische Niederlagen hinweghilft und wieder neue Energien entfacht.

Die Flüchtlinge sind ursprünglich Vertreter der bekämpften Zivilgesellschaft und wären demnach eine wichtige Kraft in der globalen Auseinandersetzung, und daran ändert sich auch nichts, wenn möglicherweise auch dieser Weg von Terroristen benutzt wird, und natürlich wird sich daran nichts ändern, wenn sich auch Kriminelle und Gewalttäter unter ihnen befinden. Doch sie werden von der Zivilgesellschaft der Länder nicht angenommen. Es wiederholt sich in den Flüchtlingsghettos, was in den Herkunftsländern geschah und was in den Ghettos der Migration geschah: Das, was die Zivilgesellschaft nicht leisten will und was die idealistischen freiwilligen Helfer beim besten Willen nicht leisten können, erzeugt Leerstellen der Fürsorge, in die immer wieder erneut die radikalen Kräfte einfließen können: Wenn den syrischen Flüchtlingen in der Türkei der Besuch der Schule verweigert wird, sind es auch salafistische Agenten, die stattdessen die Erzieherfunktion übernehmen; außer der Kriminalisierung oder der Anwerbung für den Dschihad haben diese Flüchtlinge wenig Chancen. Auch hier wird Nachschub für Terror und Krieg erzeugt, sehenden Auges, wie man so sagt.

Die europäische Zivilgesellschaft hat, wie es scheint, große Probleme damit, die Flüchtlinge einzubeziehen. Die Gründe dafür sind so vielfältig wie leider drastisch. Es ist zum einen eben die Unfähigkeit oder auch der schiere Unwille der politischen Führungen, diese Zivilgesellschaft bei der Aufgabe ihrer Erweiterung und Veränderung angemessen zu unterstützen. Sie setzen vielmehr auf die Transformation in eine Kriegsgesellschaft und auf das Regieren im permanentem Ausnahmezustand. Die Zivilgesellschaft ist zudem von zwei weiteren Seiten bedroht, von einer wachsenden teils oder ganz faschisierten Bevölkerung, die den Bruch mit der demokratischen Gesellschaft auf ihre Weise vollzieht, und durch eine neoliberale Ökonomie, die immer weiter »überflüssige Menschen«, Verlierer, Ghettos, No-go-Areas, kurz: soziale Bezirke erzeugt, die keinen oder extrem erschwerten Zugang zur Zivilgesellschaft haben.

Es ist also vergleichsweise unerheblich, wie viele Flüchtlinge kommen; worauf es ankommt, ist, wie sie

V. EUROPA IM KRIEG

»Besichtigungstag« auf der Fregatte *Augsburg*

von der Zivilgesellschaft aufgenommen werden und, noch fundamentaler, ob diese Zivilgesellschaft überhaupt Kraft genug hat, sich der Verwandlung in eine Kriegsgesellschaft zu widersetzen. Wenn die Zivilgesellschaft die Flüchtlinge aufnimmt, dann stärkt sie sich, wenn sie es nicht tut, sind beide verloren. Die Flüchtlinge und die europäischen Zivilgesellschaften.

Wir ziehen in einen Krieg, und das ging schneller, als es irgendeine politische und gesellschaftliche Verständigung darüber gab. Wir ziehen in einen Krieg und wissen nicht genau, mit wem gegen wen. Wir ziehen in einen Krieg, von dem wir kaum etwas verstanden haben. Wir ziehen in einen Krieg, während es unsere Regierung ablehnt, die Waffenverkäufe an die Golfstaaten einzuschränken. Wir ziehen in den Krieg, um neue Terroristen und neue Flüchtlinge und neue Faschisten zu erzeugen, die das eine mit dem anderen gleichsetzen. Wir ziehen in den Krieg und wissen höchstens irgendwie warum. Wir ziehen in den Krieg, damit sich unsere Zivilgesellschaft in eine Kriegsgesellschaft verwandeln kann, die marode Demokratie in Europa in die Herrschaft des Ausnahmezustands überführt wird und der andere Krieg, der Krieg auf den Märkten, in Ruhe weitergeführt werden kann.

Wir ziehen in den Krieg, damit eine neue Ordnung entsteht: Die Fregatte *Augsburg* mit 220 Mann/Frau Besatzung wird aus der EU-»Grenzsicherung« abgezogen, um als Begleitschutz für den französischen Flugzeugträger *Charles de Gaulle* zu dienen. Zwei CDU-Abgeordnete stimmten im deutschen Bundestag gegen den deutschen Kriegseintritt, drei Grünen-Abgeordnete dafür. Türkische Sicherheitskräfte haben 3000 Flüchtlinge daran gehindert, von Ayvacık nach Lesbos überzusetzen. Das Assad-Regime führt mit Hilfe der libanesischen Hisbollah und iranischer Truppen sowie mit russischer Luftunterstützung eine »breite Offensive« gegen die Rebellen. Die OPEC setzt gerade der Konkurrenz mit Überproduktion und Dumpingpreisen für Öl zu. Und: »Falls der Machtkampf zum Ende der OPEC führte, wäre das zu begrüßen«, lautet der Kommentar der FAZ, die überdies berichtet: »Terrorängste verunsichern Urlauber und Reisebranche«. Xavier Naidoo singt: »Wer vom Krieg profitiert, ist irritiert, wenn er seinen Propagandakrieg verliert.« Immerhin scheint damit der Geisteszustand einer Gesellschaft getroffen.

Auf die Hoffnung einer Zivilgesellschaft, sich durch Flüchtlinge und ihre Aufnahme zu bestätigen und zu erneuern, antwortet die Allianz aus Halbfaschismus, Postdemokratie und Finanzkapitalismus mit der Verwandlung in eine Kriegsgesellschaft. Die Grammatik des Krieges wird zugleich nationalisiert und globalisiert. Für wen, gegen wen führen wir nochmal genau Krieg? Und wer ist wir? Das ist das Wesen einer Kriegsgesellschaft, dass sie solche Fragen nicht mehr stellen darf. Vielleicht träumt mancher von einem Europa, das im Frieden nicht hat werden können und nun durch den Krieg entsteht, von einem Europa, das als transnationale Demokratie nicht hat werden können und nun als imperiales Bollwerk, als Festung entsteht. In dieser Logik sind in der Tat Flüchtlinge und Terroristen mehr oder weniger das Gleiche.

Anmerkungen

1 www.wiso.uni-hamburg.de/fachbereiche/sozialwissenschaften/forschung/akuf/akut/kriegsdefinition-und-kriegstypologie/
2 Ahmad Mansour: Generation Allah. Warum wir im Kampf gegen religiösen Extremismus umdenken müssen. Frankfurt/M. 2015.
3 www.ndr.de/nachrichten/AfD-und-Pegida-Klaegliches-Spiel-mit-der-Terrorangst,pegida266.html.
4 Bernd Freytag / Johannes Pennekamp: Geld kennt keine Moral. In: FAZ, 28.11.2015, S. 21.
5 chs: Terror bremst Frankreichs Wirtschaft. In: FAZ, 28.11.2015, S. 19.
6 Vgl. Inga Rogg: Die Geschäfte der Terroristen. In: taz, 18.11.2015, S. 3.
7 Vgl. Klaus Theweleit: Das Lachen der Täter. Wien 2015.

Epilog: Die Bösen, die Dummen und die Gemeinen, oder: Is This the End?

1.

Gemeinsam sind sie so unausstehlich wie unbezwingbar, wie es scheint: die skrupellosen Karrieristen und Geldmenschen, die »Gewinner« des stylishen Neoliberalismus, die nach Mord und Terror geifernden Neofaschisten und Hass-besoffenen Pegida-Marschierer und schließlich die blödsinnig vor ihren Fernsehern und Klatschblättern hängenden Schnäppchenjäger, die nach Sensation und Idylle hungernden Casting- und Coaching-Show-Konsumenten. Normalerweise haben die drei nicht sonderlich viel miteinander zu tun, abgesehen davon, dass jeder von ihnen in der anderen Hälfte seines Lebens einer von den jeweils anderen sein kann. Doch gemeinsam bilden sie das politische Subjekt der Postdemokratie, jenes Durcheinanders von Rest- und Formaldemokatie, Medienpopulismus und halbfaschistischen, nationalistischen und verklemmt rassistischen Souveränitätsgesten, um das die Regierungen buhlen, nach dem die Medien sich richten, dem die Binnenmärkte folgen. Wenn die einen als »besorgte Bürger« auf die Straße gehen, erzeugen sie das Klima, das schlecht für Menschen und gut für Investitionen ist; wenn die anderen wegen ein paar Steuerhinterziehungen oder Betrugsmanövern ein paar öffentliche Tränen vergießen, machen sie deutlich, was man sich hier eigentlich in die Tasche stopfen könnte, wenn man nur skrupel-

EPILOG

los genug wäre, und nicht so dumm, sich erwischen zu lassen; wenn die dritten zwischen Kätzchenvideos, Helene Fischer, *Bild*-Zeitung und *Dschungelcamp* hin und her zappen, sichern sie Arbeitsplätze in der Sinnindustrie und verhindern, dass »Kultur« eine Option für Widerständigkeit wäre. Es ist ein Planet der Verdammten, auf dem *Hunger Games* die adäquate Unterhaltung sind. Kleiner, schäbiger, heldenloser als im Kino allerdings.

Während man erbarmungslose Lohnkriege gegen Arbeitnehmer führt (und den Dummen wurde natürlich längst ausgeredet, sich im Zweifelsfall mit ihresgleichen zu solidarisieren, auch wenn einmal ein Zug oder ein Flug ausfällt), lassen sich die »Eliten« der Manager und Vorstände die absurden ökonomischen Vorteile frei-

Das Sterben geht weiter: Allein im Januar 2016 sind 360 Menschen im Mittelmeer ertrunken

willig nicht mehr nehmen, auch wenn die wachsende Ungleichheit der Wohlstandsverteilung immer mehr zu einer bewusstlos-friedlosen Gesellschaft führt. Es geht nicht mehr allein darum, dass man die Millionen an Jahresgehalt eines Lufthansa-Vorstands nicht mehr vergleichen kann mit dem Lohn derer, die für seine Millionen arbeiten, es geht darum, dass er umso mehr Millionen erhält, je mehr er »sein Unternehmen« dadurch zum Erfolg führt, dass er die Lohnkosten drückt. Was da geschieht, kann man nicht anders denn als »Raub« bezeichnen, aber wer es tut, ist schon beinahe ausgeschlossen aus der Gemeinschaft der »Vernünftigen« und »Normalen«.[1]

Die Frage, wie wir sie aus der Geschichte kennen: »Wer wird sich als der nützliche Idiot des anderen herausstellen?«, ist natürlich falsch gestellt. Denn jeder, die Bösen, die Dummen und die Gemeinen, lebt durch die anderen und für die anderen, keiner von ihnen könnte sein Potenzial entfalten, wenn er nicht von den anderen flankiert wäre. Die Dummen betreiben das Geschäft der Bösen, und die betreiben das Geschäft der Gemeinen. Und vice versa.

Aber wissen die Dummen, dass sie nur so dumm (so selbstzufrieden ignorant und in einem ewigen regressiven Karneval) leben dürfen, weil sie dabei von den Gemeinen gefüttert und gemolken werden? Wissen sie, dass sie nur so dumm (so blind und wollüstig verblendet) leben können, weil die Bösen sie gegen Wirklichkeit, Freiheit und Verantwortung abschirmen? Wissen die Gemeinen, dass sie nur so lange ihren Gelddrogenrausch leben können, solange die Bösen die Gedanken an Gerechtigkeit und Ausgleich verhindern und die Kräfte der Opposition binden oder lähmen? Und wissen die Gemeinen, wie sehr sie in die Krise geraten müssten, wenn sie nicht mehr von den Dummen unterstützt und gefüttert würden? Und die Bösen? Wissen sie, dass sie ein Instrument für die Gemeinen sind, das bei Bedarf auch wieder abgelegt oder umgebaut wird? Wissen sie, dass sie ein Nachtmahr der Dummen sind, ein Spektakel für ihre verbotenen Wünsche?

Etwas steht fest für alle, die nicht zu den Dummen, den Bösen und den Gemeinen gehören wollen: dass man sich nur zur Wehr setzen kann, wenn man die trialektische Einheit darin sieht. Und wer glaubt, sich mit den einen gegen die anderen verbünden zu können, verschiebt allenfalls Akzente. Natürlich kann man einem Dummen eher verzeihen als einem Gemeinen, und sogar einem Gemeinen eher als einem Bösen, aber das ändert nichts an ihrem unentwirrbaren Geknäuel.

Wer den Neoliberalismus bekämpft, ohne seine andere Seite, den Neofaschismus, zu bekämpfen, hat schon verloren. Wer glaubt, den Faschismus bekämpfen zu können, ohne die organisierte Dummheit zu bekämpfen, hat schon verloren. Wer glaubt, die Dummheit bekämpfen zu können, ohne jene Kräfte zu bekämpfen, die von ihr profitieren, hat ebenfalls verloren.

Die geheime Allianz der Dummen, der Bösen und der Gemeinen macht gewiss das Regieren vergleichsweise einfach, und das Verkaufen auch. Beinahe alles kann man damit anstellen, nur eines kann man damit nicht erzeugen, eine Zukunft für Menschen. Aber wie es scheint, brauchen die Menschen vielleicht doch mehr als Kochshows, Tiefkühlpizza und jemanden, den sie für ihre eigene Unzulänglichkeit hassen dürfen.

Es ist die Zukunftslosigkeit, in die der Terror hereinbricht. Während die Bösen, die Dummen und die Gemeinen gemeinsam eine Zukunft verhindern, die auf Migration, Freiheit und Solidarität gebaut wäre, sehen sie nur einen einzigen »ernst zu nehmenden« Gegner, einen gläubigen oder glaubenskranken Terroristen, der die Bösen noch an Bosheit, die Dummen noch an Dummheit und die Gemeinen noch an Gemeinheit übertrifft. Islamistischer Terror ist das Einzige, was der westliche Kapitalismus nicht »schlucken« kann. Und das nicht obwohl, sondern gerade weil er dessen Spiel durchaus durchschaut und selbst zu spielen versteht. Dieser Terror muss in seiner eigenen Logik so barbarisch, blind und sadistisch sein, damit alle Brücken abgebrochen, jedes Schlupfloch zur Integration verstopft ist. Wenn, sagen wir, ein Science-Fiction-Autor am Schreibtisch eine Gegenbewegung zur allumfassenden lückenlosen Herrschaft der Gemeinen, der Bösen und der Dummen erfinden müsste, ihm würde zweifellos so etwas wie der islamistische Terror einfallen müssen: genau das, was der postdemokratische, halbfaschistische Neoliberalismus nicht vereinnahmen kann, wie er es vorher mit dem Idealismus, dem Kommunismus, dem Anarchismus, dem Christentum, der Kunst und der Wissenschaft, der schlechten Laune und dem guten Leben konnte. Dieser Terror ist das unfassbar Böse, das absolut Gemeine und das grenzenlos Dumme. Was sich schon so lange ankündigte und was immer wieder in scheinhafte oder tatsächliche Bewegung aufgelöst werden konnte, ist damit erreicht: das Ende der Menschengeschichte auf dem Planet der Verdammten. Der religiöse Faschismus verknüpft sich mehr und mehr mit einem weltlichen Faschismus. Es soll nicht nur eine Religion siegen, es soll auch ein Staat entstehen. Eher schon eine Art Super-Staat. Aus der Geste der reinen Negation ist eine absurde Zukunftshoffnung geworden, aus der metaphysischen eine historische Legitimation, aus dem »moralischen« ein territorialer Anspruch. Und diesen Staat wird es eines nicht allzu fernen Tages auch wirklich geben. Mag schon sein, dass dieser islamistische Staat nicht viel anderes ist als die Hölle auf Erden, vielleicht fällt er auch nicht so groß und prächtig aus wie versprochen, sondern nur trostlos und alltäglich unmenschlich, jedenfalls wird auch er zu »fressen« beginnen, vielleicht die halbmoderaten, vielleicht die eigensinnigen nationalen Einheiten zuerst (natürlich nach den fachgerecht chaotisierten und entmenschten Regionen), vielleicht die ur-nationalistisch-religiösen Konkurrenten und Halbverbündeten wie Erdoğans Türkei zuerst, wer weiß?

Sicher ist jedenfalls, dass die Allianz der Bösen, der Dummen und der Gemeinen diesen Super-Terrorstaat mit erzeugt haben wird. Denn gemeinsam haben sie die Idee einer wirklichen Alternative, einer anderen Zukunft als die Hölle auf Erden verhindert. Sie verhindern, dass etwas anderes entsteht, aus der großen

Bewegung der Menschen in einer Welt, die keine Ordnung mehr hat, nicht einmal in Form eines halbwegs konsistenten Projekts. Sie verhindern, dass es eine interessante und hoffnungsfrohe Zukunft (des Unperfekten und der Unperfekten) als Alternative zur Hölle auf Erden geben kann.

Und nein, weder der Kapitalismus noch die liberale Gesellschaft des Westen sind »schuld« am islamo-faschistischen Terror. Doch stehen wir in einer gemeinsamen Geschichte der Menschheit auf dem Planeten der Verdammten. Nichts ist da zu denken ohne das andere. Das Projekt der Aufklärung war dazu gedacht, unter anderem, diese Zusammenhänge verstehen zu lernen. In Gesellschaften, die aus Hass und Angst den Verstand verlieren, kann man den Unterschied zwischen »verstehen« und »Verständnis zeigen« nicht mehr verstehen. Nicht verstanden zu werden ist ein Wesenszug des Terrors. Und einer des Gegenterrors.

Der Islamo-Faschismus, das macht ihn so stark, findet im Westen immer weniger eine Alternative, und immer mehr nur ein groteskes Spiegelbild. Er bricht nicht nur mit den Projekten Demokratie, Aufklärung oder Humanismus, er bricht mit der Menschheit, er bricht mit dem Leben. Daher erzeugt er die größte Ohnmacht, die man sich vorstellen kann. Es gelingt ihm, die Selbstheilungskräfte in den westlichen Gesellschaften zu vernichten, die Zivilgesellschaft, die Jugend, die Kultur, den öffentlichen Raum, das, was auch in der Herrschaft der Bösen, der Dummen und der Gemeinen nicht gänzlich verloren geht, eine Lust zu leben und miteinander zu sein. Mit jedem Anschlag werden die Dummen noch dümmer, die Gemeinen noch gemeiner und die Bösen noch böser. Bis sich eines ebenfalls nicht fernen Tages nur noch zwei Welten gegenüberstehen, die nur noch verschiedene Varianten von »Hölle auf Erden« sind. Und keine Seite lebt noch aus etwas anderem als dem Wunsch nach dem Tod des anderen.

Unser Science-Fiction-Autor, natürlich, erfindet eine kleine, rebellische Gruppe von Menschen, die nicht der einen noch der anderen Seite zugehören, sondern sich nicht ausreden lassen wollen, dass es etwas anderes gibt als die Hölle auf Erden. Dass irgendwann aus dem Planeten der Verdammten ein Planet der Menschen wird. Grenzenlos und friedlich und solidarisch. Science-Fiction eben.

2.

Der Siegeszug der Rechtspopulisten ist zu einem nicht unerheblichen Teil durch die Möglichkeit eröffnet, die moderate Linke, genauer gesagt die Sozialdemokratie, zu beerben. Nachdem sich die Sozialdemokraten »mit fliegenden Fahnen«, wie man so sagt, dem Neoliberalismus verschrieben haben und maßgeblich an den »sozialen Grausamkeiten« beteiligt waren, mit denen man die Wirtschaft »ankurbeln« wollte, was vor allem zu einer beschleunigten sozialen Ungleichheit geführt hat, war gleichsam die Stelle des Anwalts der Rechte der »kleinen Leute« vakant. Nicht dass es sich gerade von selbst verstünde, dass Rechtspopulisten und Neofaschisten in diese Lücke vorstoßen konnten, aber es erklärt ein wenig, warum es im richtigen Leben so wenig Widerstand gegen die Faschisierungen an der Basis gegeben hat. Ganz ähnlich wie mit den »Sorgen und Nöten« der Arbeitnehmer, die nicht auf unbedingte Karriere und Wachstumsanteil im Neoliberalismus hoffen durften und die nun die Nationalisierung, die rassistische Auflading und die wohlfeile Sündenbock-Konstruktion angeboten bekamen, verhielt es sich mit den Hoffnungen auf Europa. Statt auf das Projekt einer neuen, transnationalen Demokratie mit der Agenda eines sozialen und ökonomischen Ausgleichs in den einzelnen Ländern und zwischen den Ländern hinzuarbeiten, wurde Europa das Instrument der Neoliberalisierung und der Austeritätspolitik in den Händen einer »Elite« aus den Führungsetagen von Wirtschaft und Politik. Auch hier war es den Rechtspopulisten ein Leichtes, die betrogenen Hoffnungen verbunden mit ein paar vom Neoliberalismus geborgten Ressentiments gegen »Bürokratie«, und zugleich mit ein paar von den Linken geborgten Phrasen des »Antikapitalismus«, in eine Sehnsucht nach Renationalisierung und »völkischer Identität« münden zu lassen. Als die Bewegung der Flüchtlinge unübersehbar von den Brennpunkten im Süden nach Mitteleuropa führte, durfte man sich erneut von Europa im Stich gelassen fühlen und, damit verbunden, auch von der Demokratie. Nun genügte es, die Ängste und die unterdrückte Aggression gegen den »Zustrom« der »Fremden« zu lenken. Überall in Europa regieren die Rechtspopulisten und Neofaschisten direkt oder indirekt mit. Ein Land wie Frankreich erscheint politisch gelähmt aus Angst vor dem *Front National* und seiner populären Führerin Marine Le Pen. Um die Wähler am rechten Rand nicht zu verlieren oder wiederzugewinnen, verfallen auch die bürgerlichen und natürlich auch die sozialdemokratischen Parteien in den Jargon der Nationalisten und der Rassisten. In Deutschland übernimmt die CSU die Leitrolle in diesem antidemokratischen und antihumanen Rollback. Ihr folgen Vertreter und Vertreterinnen nahezu aller Parteien. Der Rechtspopulismus beschleunigt den Prozess der Postdemokratisierung, der wiederum die Entstehung neuer Diskurs- und Dispositiv-Felder für die Rechtspopulisten fördert.

Ein demokratischer Impuls findet in dieser Situation keinen Ansatzpunkt mehr. Jede Kritik an der Postdemokratie scheint nur den Rechtspopulisten zu dienen, so wie jede Kritik am jämmerlichen Zustand der Europäischen Gemeinschaft nur Wasser auf die Mühlen der »Euroskeptiker« ist. Dazu passt wunderbar eine Krise des politischen Journalismus, nicht nur in Deutschland, sondern in den meisten Ländern Europas. Die vierte Macht in der Demokratie verliert ihre ökonomische Basis. In ihr spiegelt sich stattdessen die Spaltung der Gesellschaft wider; dem restdemokratischen Impuls stehen wuchernde publizistische Verlautbarungen des Rechtspopulismus auf der einen und besinnungslose Konsumträume der Wachstums- und Fun-Gesellschaft auf der anderen Seite gegenüber. Auf den Flaggschiffen der einstigen bürgerlichen bis »linksliberalen« Presse zerbrechen diese Aspekte sogar intern in ihre Einzelteile. Auch im öffentlichen Diskurs also driften »Wohlstand«, »Nation« und »Demokratie« immer weiter auseinander. Wenn man es besonders kabarettistisch haben will, vielleicht in Wirtschafts-, Sport- und Kulturteil (im politischen Hauptteil passt schon lange nichts mehr zusammen).

Es ist die Entmachtung und Selbstentmachtung der Linken, die diese Entwicklung maßgeblich mit ermöglicht hat. Aber das ist schon wieder eine andere Geschichte.

3.

Deutschland ist alles drei: ein »Sonderfall« in Europa (eines der wenigen Länder, die nicht von der ökonomischen Krise auch in die politische gestürzt wurden, sondern eher eine eigene politische Krise produzieren), ein »Symptom« (nahezu alles, was sich über die positiven, vor allem aber auch die negativen Reaktionen auf den »Flüchtlingsstrom« in Deutschland beobachten lässt, ist auch in den anderen europäischen Ländern zu sehen) und ein »Vorreiter« (die dominante Stellung Deutschlands in den europäischen Administrationen, nicht nur der legalen, demokratischen, sondern mehr noch der ökonomisch-funktionalen, muss hier nicht mehr belegt werden). Die Renationalisierung und der »Faschismus light«, den sich die europäischen Länder leisten, geht in aller Regel mit dem einher, was man »Euroskepsis« genannt hat. Die »euroskeptischen« Organisationen indes scheinen das perfekte Abbild der Schizophrenie: Sie hetzen gegen ein Europa, das sie in Wahrheit in die

Hände bekommen wollen, nämlich in der Form einer halbfaschistischen, entdemokratisierten und von Nationalismen durchtränkten »Festung«, in deren Mitte sich ein neoliberales »Paradies« für die besseren Menschen entfalten soll. Nur der ungebremste Eigennutz der nationalen Demokratien und ihr kapitalistischer Unterbau hindern Europa noch daran, sich restlos in eine solche Festung zu verwandeln, sehen wir von den tapferen Resten der demokratischen Zivilgesellschaft ab. Stattdessen entstehen neue Mauern, Zäune und Transitzonen zwischen jenen Nationen, die sich eigentlich in Europa vereinen sollten.

Die neoliberalen Regierungen und die europäische Administration bündeln den Wohlstand immer weiter in den Händen der großen Unternehmen, Konzerne und Banken und einer »Elite«, die sich immer mehr über das Leben der normalen Menschen erhebt, nicht nur im ökonomischen, sondern auch im politischen Sinn. Das verschafft den nationalistischen und völkisch-rassistischen Kreisen in den Einzelstaaten Zulauf und verhindert zugleich, dass sich ein demokratischer Kreis zur Verteidigung des Projekts Europa bildet. Was sollen die verbliebenen Demokraten tun, in die Zange genommen zwischen dem Bündnis von Rechtspopulisten, Neofaschisten und »Euroskeptikern« auf der einen Seite, den immer hemmungsloseren neoliberalen Kräften auf der anderen Seite, die eine mähliche, aber zähe Umwandlung der Demokratie in die Herrschaft einer internationalen Wirtschaftselite betreiben? Es ist eine taumelnde Bewegung entstanden, in der mit einem Mal die Fraktionsvorsitzende der Linkspartei das Menschenrecht auf Asyl zum »Gastrecht« umdefiniert und ein grüner Bürgermeister »Das Boot ist voll« verkündet. Und doch weigern wir uns, schon die endgültige Niederlage der Zivilgesellschaft zu konstatieren. Weder Wehleidigkeit noch Resignation stehen auf der Agenda, wohl aber der Appell, dass keine Zeit mehr zu verlieren ist.

Das »Verbrechen«, das von den Flüchtlingen ausgeht, lässt sich kurz zusammenfassen, jenseits der Rhetorik von Hass und Paranoia: Es wird Veränderungen geben. Aber weder die Dummen noch die Bösen noch die Gemeinen wollen, dass sich etwas verändert. Sie alle wollen, auf ihre je eigene Weise, im Gegenteil, dass sich jene demokratische und tolerante Zivilgesellschaft, die die Flüchtlinge stärken könnte und die von den Flüchtlingen gestärkt werden könnte, verschwindet. Sie soll »Volk« werden, schreien die einen; sie soll »Markt« werden, verkünden die anderen, sie soll sich in »reality«, Markenwelten und Entertainment auflösen, die dritten. So sieht sich die Zivilgesellschaft, ohne die es keine Demokratie geben kann, von allen Seiten, von innen wie außen bedroht. Vielleicht ist sie stärker als ihr Ruf, vielleicht stärker als die einstigen Leitmedien ihrer Kultur, die mit fliegenden Lettern überlaufen zu den Dummen und zu den Gemeinen, hier und da sogar zu den Bösen. Vielleicht ist sie stärker als ihre derzeitige Fähigkeit, den politischen und kulturellen Diskurs (mit) zu bestimmen. Wer weiß.

Jenen, die Grenzen und Augen schließen, ist entgegenzuhalten, dass die Zukunft offen ist. Und das ist

EPILOG

Demonstration gegen Frontex in Warschau, 22.5.2015

wunderbar. Das ist der Tanz der Zivilgesellschaft, in Europa und darüber hinaus. Dieser Tanz der offenen Zukunft ist von vielen Seiten gefährdet. Umso wichtiger wird er.

Doch um das Maß der schlechten Chancen voll zu machen, ist indes diese demokratische und zivilgesellschaftliche Kraft noch heillos in sich zerstritten. Der Streit ist ihr Wesentliches, das macht sie lebendig. Aber zugleich wäre ihre Aufgabe, dort vereint zu agieren, wo Barbarei und Faschismus, Unmenschlichkeit und Unterdrückung zum Normalfall werden sollen. Es fehlt der einigende Impuls für die linken, ökologischen, demokratischen und aufklärerischen Initiativen. Und es fehlt vielleicht auch das Bewusstsein davon, dass die Zeit drängt.

HASS UND HOFFNUNG

Anmerkung

1 »Carsten Spohr und seine Vorstandskollegen bei der Lufthansa bekommen zu Weihnachten doch noch eine Gehaltserhöhung: Die zunächst vertagte Anhebung wurde genehmigt. Vertreter des fliegenden Personals hatten angesichts der jüngsten Streikserie dafür geworben, die umstrittene Gehaltserhöhung zu verschieben, konnten sich aber nicht durchsetzen. Am Ende votierten sogar einige Vertreter der Arbeitnehmer dafür. Spohr bekommt nun über 300.000 Euro zusätzlich pro Jahr, seine Kollegen erhalten ein Plus von rund 100.000 Euro. Das neue Gehalt des Lufthansa-Chefs beträgt damit rund 2,3 Millionen Euro.« So las man es kurz vor Weihnachten 2015 auf Spiegel online (www.spiegel.de/wirtschaft/unternehmen/lufthansa-vorstand-darf-sich-ueber-gehaltserhoehung-freuen-a-1068556.html). Ist es etwa »Sozialneid«, den eine solche Meldung auslöst? Gewiss nicht. Nur die Ahnung, dass die Gemeinen so unersättlich in ihrer Gemeinheit sind wie die Dummen in ihrer Dummheit und die Bösen in ihrer Bosheit. Offensichtlich gibt es nichts mehr, worauf man noch Rücksicht nehmen müsste oder könnte.

Reihe **Politik aktuell**

Bernd Kasparek
Europas Grenzen
Flucht und Migration, das EU-Grenzregime und die deutsche Asylpolitik
ca. 130 Seiten, ca. 15 Fotos

Raul Zelik
Mit PODEMOS zur demo-kratischen Revolution?
Krise und Aufbruch in Spanien
224 Seiten, 23 Fotos

Sebastian Friedrich
Der Aufstieg der AfD
Neokonservative Mobilmachung in Deutschland
112 Seiten, 13 Abbildungen

www.bertz-fischer.de
mail@bertz-fischer.de
Newsletter: bertz-fischer.de/newsletter

Reihe **Realität der Utopie**

aktualisierte und erweiterte Neuausgabe

Raul Zelik / Elmar Altvater
Vermessung der Utopie
Ein Gespräch über Mythen des Kapitalismus und die kommende Gesellschaft
240 Seiten
Paperback A6
9,90 [D] / € 10,20 [A]
ISBN 978-3-86505-729-7

Der Klimawandel, die Massenarmut in weiten Teilen der Welt, Arbeitslosigkeit, Sozialabbau und Verelendung auch in Europa, neoimperiale Kriege und Konflikte um Rohstoffquellen und Einflusszonen – das vom »freien Markt« produzierte Elend und seine Begleiterscheinungen verlangen nach einer grundlegenden Alternative. Doch ist eine Gesellschaft jenseits des Kapitalismus überhaupt noch vorstellbar?
Die Gesprächspartner liefern eine radikal-kritische Analyse der Gegenwart. Und sie versuchen, eine utopische Gesellschaft zu skizzieren, die auf einem neuen Energiemodell, einer solidarischen Ökonomie und direkter Demokratie basiert – und die auf Vernunft gegründet ist.

www.bertz-fischer.de
mail@bertz-fischer.de
Newsletter: bertz-fischer.de/newsletter

Reihe **Kapital & Krise**

Stephan Kaufmann /
Ingo Stützle
Ist die ganze Welt bald pleite?
Populäre Irrtümer über Schulden
92 Seiten, 10 Grafiken

In der öffentlichen Diskussion scheinen zwei Dinge klar: Staatsschulden sind schlecht, und sie sind zu viel. »Sparen« ist daher das Gebot der Stunde – nicht nur in Griechenland. Die Autoren zeigen, welchem Zweck Staatsschulden dienen, wann sie zu einem Problem werden – und für wen.

Stephan Kaufmann /
Ingo Stützle
**Kapitalismus:
Die ersten 200 Jahre**
Thomas Pikettys »Das Kapital im 21. Jahrhundert« – Einführung, Debatte, Kritik
112 Seiten, 13 Abbildungen

Im Kapitalismus wächst die Ungleichheit stetig: eine kleine Elite wird immer reicher und mächtiger. Der Ökonom Thomas Piketty beschreibt diesen Prozess in seinem Bestseller und fordert Umverteilung. Was steht in dem Buch, welches sind die Kontroversen, und wo liegen die Grenzen, Widersprüche und Irrtümer Pikettys.

www.bertz-fischer.de
mail@bertz-fischer.de
Newsletter: bertz-fischer.de/newsletter

Reihe **Sexual Politics**

Lilly Lent /
Andrea Trumann
**Kritik des
Staatsfeminismus**
Oder: Kinder, Küche,
Kapitalismus
120 Seiten
Paperback A6
7,90 [D] / € 8,20 [A]
ISBN 978-3-86505-724-2

Frauenquoten in Aufsichtsräten, garantierte Kitaplätze, Eltern- und Betreuungsgeld – »Gender Mainstreaming« scheint in den letzten Jahren zu einem zentralen Anliegen staatlicher Politik geworden zu sein. Dabei gerät die dunkle Seite dieser »Emanzipation« jedoch aus dem Blick: Von der neoliberalen Umverteilungs- und Verarmungspolitik sind vor allem Frauen betroffen, der Niedriglohnsektor ist vornehmlich weiblich, und schlecht bezahlte Sorge- und Pflegearbeit wird weiterhin meist von Frauen erledigt.
Und auch die angeblich auf Gleichstellung der Geschlechter zielende Frauen- und Familienpolitik des Staates verfolgt bei genauerer Betrachtung ganz andere Zwecke.

www.bertz-fischer.de
mail@bertz-fischer.de
Newsletter: bertz-fischer.de/newsletter

Reihe **Texte zur Zeit**

Jan Distelmeyer
Machtzeichen
Anordnungen des Computers
ca. 180 Seiten, ca. 15 Fotos

Nina Scholz
Nerds, Geeks und Piraten
Digital Natives in Kultur und Politik
116 Seiten, 24 Fotos

Jan Distelmeyer
Katastrophe und Kapitalismus
Phantasien des Untergangs
144 Seiten, 25 Fotos

Georg Seeßlen
**Das zweite Leben des
»Dritten Reichs«**
(Post)nazismus und
populäre Kultur.
Teil I: 232 Seiten, 21 Fotos
Teil II: 192 Seiten, 12 Fotos

www.bertz-fischer.de
mail@bertz-fischer.de
Newsletter: bertz-fischer.de/newsletter

Überall im Handel

Und versandkostenfrei unter
shop.pmedia.de

www.spex.de